서양의 제 혁명

서양의 제 혁명

청도교혁명부터 동유럽혁명까지

김 장 수

푸른사상

머리말

I.

이 책에서 우리는 혁명이란 단어를 종종 접하게 될 것이다. 따라서 혁명에 대한 올바른 이해 내지는 개념정립이 무엇보다도 필요한 것 같은데 그것을 위해서는 첫째, 혁명이란 단어는 언제부터 사용되었을까? 둘째, 혁명의 개념은 어떻게 정립되었을까? 셋째, 혁명은 어떠한 상황에서 발생할까 등을 살펴보아야 할 것이다.

혁명(*revolutio: revolve*의 명사형)이란 단어는 로마 후반기부터 등장했는데 '치받음' 또는 '뒤엎음(전복)'이란 의미로 사용되었다. 근대에 접어들면서 이 단어는 천문학 분야에서, 즉 케플러(Kepler)가 행성들의 순환 및 그 규칙적인 회귀를 설명하는 과정에서 사용한 이후 그 사용이 보편화되었다. 그러다가 15세기 후반부터 이탈리아에서 혁명(*revoluzione*)이란 단어가 정치적 분야에서도 쓰여 지기 시작했다. 그것은 현실사회의 모순적 상황에서 이전의 정상적 상태로 복귀한다는 순환론적인 역사인식에 위배되지 않을 뿐만 아니라 역사적 변화를 인정하고 그 변화의 궁극적인 목표가 인간타락 이전의 낙원으로 회귀한다는 기독교사상과도 일치되었기 때문이다. 따라서 당시의 개념은 오늘날과는 달리 순환론적 측면만을 강조한 것 같다. 영국의 정치가 클라렌든〔Clarendon: 클라렌든법(Clarendon Code)을 1661년에 제정하여 비국교도(nonconformist)에게 제약을 가했다.〕역시 찰스 2세(Charles II)의 왕정복고를 언급하면서 혁명이란 단어를 사용했는데 그것은 이탈리아에서 사용되었던 의미와 맥을 같이한다 하겠다. 따라서 17세기 중엽까지 혁명은 급격한 변화를 유발시키지만 결국 다시 원상태로 회귀한다는 의미로 사용되었던 것이다. 그리고 이러한 개념은 1688년 명예 혁명(Glorious Revolution)이 발생했던 당시에도 여전히 유효했는데 1688년의 사건으로 이전의 질서체제로 회귀했다는 로크(Locke)의 언급이 바로 그 일례가 된다 하겠다.

그러나 순환론적 변화로 이해되었던 혁명의 개념은 18세기에 접어들면서부터 바뀌게 되었는데 그것은 1688년의 명예 혁명을 단순한 사건이 아닌 장기간 지속된 변화의 종결점이자 특정경향이 합친 응축된 사건으로 인식한데서 비롯된 것 같다. 실제적으로 영국사회는 명예 혁명이 끝난 후에도 새로운 정부, 새로운 사회를 만드는 일련의 과정을 경험했다. 1776년 아메리카 혁명에 이어 1789년 바스티유(Bastille) 감옥이 습격을 당하면서 사람들은 혁명이 무엇인지를 목격했다. 변화에 대한 인식과정에서 프랑스 혁명은 결정적인 계기를 제공했던 것이다. 특히 프랑스의 계몽사상가들은 그러한 인식정립에 큰 기여를 했다. 디드로(Diderot)는 백과전서에서 '혁명은 정치적 용어이며, 한 나라에서 일어난 중요한 변화를 지칭한다.'라고 정의했고, 몽테스키외(Montesquieu)는 '프랑스 정치체제의 근본적 변화 또는 법집행의 큰 변화'를 혁명으로 이해했던 것이다. 이제 사람들은 1688년의 영국, 1776년의 아메리카, 그리고 1789년 프랑스에서 일어난 사건들이 연속적으로 전개되는 역사의 특정한 계기라는 인식을 가지게 되었고 그것을 정의하기 위해 혁명이란 단어를 광범위하게 사용하기 시작했던 것이다.

그렇다면 혁명은 어떠한 상황에서 발생할까? 이 점에 대해 적지 않은 학자들이 관심을 표명했을 뿐만 아니라 그들 나름대로의 논리 전개에도 주력했다. 1962년 미국의 역사가 데이비스(C.J. Davies)는 자신의 논문(*Toward a Theory of Revolution*)에서 혁명의 발생시점에 대해 언급했는데 그것에 따를 경우 사회성원의 기대치(정치 및 경제적 측면)와 실제적 상황사이에 극복할 수 없는 격차가 있을 때 혁명이 발생한다는 것이다. 즉 데이비스는 자신의 논문에서 혁명이론인 'J 곡선이론'을 발표했던 것이다. 이어 데이비스는 어느 사회에서 회복의 조짐 없이 경제적 상황이 지속적으로 나빠지거나 또는 사회적 폐해가 심각함에도 불구하고 혁명이 발생하지 않는 이유에 대해서도 분석을 시도했다. 그의 관점에 따를 경우 사회구성원들이 자기보존을 위해 육체적 그리고 정신적 에너지를 완전히 소진했기 때문에 그들은 과격적인 개혁, 즉 혁명에 대해 관심을 가지지 않는다는 것이다. 여기서 데이비스는 빈곤이 '사람들로부터 혁명가를 배출하지 않는다.'라는 주장을 펼치기도 했다. 우리는 데이비스가 자신의 이론이 가지는 한계성을 제시했음에도 불구하고 그의 이론을 대표적인 혁명들에 대입시킬 경우 그것이 어느 정도의 타당성을 가진다는 것도 확인할 수 있다.

II.

본서는 우선 근대혁명의 사상적 근저가 되었던 계몽주의와 사회주의를 취급했다. 이어 청교도 혁명과 명예 혁명, 아메리카 혁명, 프랑스 대혁명, 산업 혁명, 7월 혁명(1830), 1848년 혁명, 러시아 혁명, 그리고 동유럽 혁명을 살펴보았다. 여기서 필자는 일부 특정 항목에 대해 보다 많은 지면을 할애했는데 그것은 이 부분에 대한 필자의 특별한 관심에서 비롯되었다 하겠다.

짧은 기간의 탈고에서 비롯된 문장이나 내용상의 오류는 개정판에서 시정하도록 하겠다.

어려운 여건에도 불구하고 이 책의 출간을 기꺼이 허락하신 푸른사상의 한봉숙 사장님과 출판사 관계자 여러분들께 이 자리를 빌려 감사의 말씀을 드린다.

2006년 6월

김 장 수

차례

차례

1장. 계몽주의 및 사회주의

1. 계몽사상

계몽주의는 17세기 후반부터 유럽 지성사 흐름에 커다란 영향을 끼쳤다. 이성에 따라 세계가 창조되었고 그 규율 역시 인식할 수 있다는 것이 계몽주의의 기본적 입장이었다. 이에 따라 문화의 모든 영역에서 이성은 강조되었고 자연법 역시 기존 질서체제의 문제점을 지적하게 되었다.[1] 이 당시 사람들은 자연법을 신이 초기에 만든 것으로 간주했다.[2] 아울러 이들은 낙천적인 진보를 믿게

---

[1] 이제 이성에 맞지 않는 비합리적 요소들이라 할 수 있는 전통·관례·종교적 교리 및 권위 등은 배척대상이 되었다.

[2] 자연법은 지배자 개인의 의사에 따라 만들어지는 법이 아니다. 그것은 보편적이며 모든 사람에게 동일하게 적용될 수 있는 법을 지칭한다. 그리고 법과 권리는 궁극적으로 모든 지역과 민족, 시대와 문화를 초월한다 하겠다. 이러한 자연법과 자연권은 모든 인간에게 있는 이성을 통해서 인식될 수 있다. 그리고 모든 사람들은 합리적 능력과 지능을 가졌기 때문에 자유·평등·평화를 동등하게 누릴 자격이 있다는 것이 계몽주의자들의 관점이

되었고 점차적으로 신, 국가, 그리고 사회의 새로운 상을 구축하기 시작했다.3) 계몽주의와 더불어 당시 유럽 지성사를 주도했던 실용주의 역시 신은 이성의 원천이고 그것을 증명할 수 있다는 관점을 피력했다. 그리고 신이 이성의 법칙에 따라 세계를 창조했기 때문에 그가 자연법을 변경하는 것처럼 극히 일부만이 변경될 수 있다는 주장도 제기되었다.

이 당시 철학자들은 인간의 선을 강조했을 뿐만 아니라 법적이나 능력 면에서 모두가 동일하다는 견해를 제시했다.4) 아울러 이들은 이성에 대한 무시가 수백 년 간 지속되었기 때문에 인류는 아직까지도 미성년적인 상태에서 벗어나지 못하고 있다는 관점도 피력했다. 또한 이들은 사람들을 이성적으로 대우할 경우 그들은 자유롭게 될 뿐만 아니라 자신들이 가진 능력 역시 충분히 발휘할 수 있다는 입장도 밝혔다.

원시 시대의 사람들은 자신들의 자유 및 동등권을 지키기 위해 국가협약을 체결했기 때문에 국가는 자유로운 개인의 목적적 창조

었다.

3) 돌바크(d'Holbach:1723-1789)와는 달리 대다수의 계몽사상가 들은 이신론자(deist)였다. 이들은 사랑과 은총을 베풀거나, 기적을 행하는 종래의 인격적인 신 대신에 기계와도 같은 우주의 창조자인 동시에, 이 우주 기계를 영속적으로 법칙에 맞게 움직이도록 한 제일동작자로서의 신을 설정했다. 따라서 이들은 이성과 계시를 조화시키려던 뉴턴(Newton)마저 비판의 대상으로 설정했다.

4) 18세기 계몽주의자들은 철학자들로 지칭되었다. 1694년 아카데미 프랑세즈에서 간행한 사전에서 모든 학문 연구에 열정을 바치고, 그 학문의 원인과 원리에서 결과를 알려는 사람을 철학자라 정의했다. 이들은 절대왕정체제의 지배이념인 기독교에서 부각된 문제점들을 합리적으로 해결하려고 했다.

물이라 하겠다. 따라서 계몽주의자들은 중세의 국가생성론, 즉 신에 의한 국가창조론을 거부했다. 아울러 이들은 통치협약을 해제시킬 수 있을 뿐만 아니라 그것을 지키기 위해 저항권을 행사할 수 있다는 견해도 가지고 있었다. 여기서 이들은 국민주권 및 권력분립론을 언급했는데 그것은 국민들이 국가를 창조했기 때문에 국민들이 주권을 가져야 한다는 관점에서 비롯된 것 같다. 그리고 국민들이 직접적 또는 간접적으로 자신들의 권한을 행사해야 한다는 견해 역시 이들로부터 제시되었다.

2. 로크(J.Locke)

계몽사상의 선구자는 영국의 존 로크(J.Locke)였다. 그는 토마스 홉스(T. Hobbes)와는 달리 태초의 인간사회를 사람과 사람사이의 투쟁 상태로 보지 않고 절대적 자유와 평등이 지배한 평화로운 상태로 인식했다.[5] 그러나 사람들은 점차적으로 이러한 상태가 자신

---

5) 홉스는 계약설을 활용하여 합리적이고, 근대적인 왕권을 옹호했다. 그는 자신의 저서인 '리바이어던(Leviathan: 거대한 바다 동물)'에서 근대국가에 관한 정치적 사상을 제시했다: 인간의 자연 상태는 만인 대 만인의 투쟁 상태이며 거기에는 오직 죽음과 공포가 있을 뿐이다. 따라서 사람들은 그것을 피하기 위해 계약을 체결하고 국가를 형성했는데 거기서 이들은 모든 권리를 국왕에게 양도했기 때문에 국왕의 절대왕정도 인정해야 한다는 것이다. 이러한 홉스의 관점에서 질서유지를 위해 절대왕정체제를 허용해야 한다는 한계성도 확인되었다. 그러나 홉스는 계급사회를 당연시 한 왕권신수설과는 달리 자연 상태에서의 만인평등을 지향했기 때문에 당시의 상황에서는 매우 혁신적인 내용이라 하겠다.

들의 생명·자유·재산 등의 자연권을 영원히 보존시킬 수 없다는 생각을 가지게 되었고 그것은 이들로 하여금 사회계약을 체결하여 시민사회 및 정부의 수립과 거기에 일정한 권력을 부여하려고 했는데 그것이 바로 로크의 관점이었다. 여기서 로크는 사람들의 동의로 정부가 양도받은 권력은 절대적인 것이 아니라 오로지 자연법을 집행할 제한적인 권력이기 때문에 만일 정부가 폭정화될 경우 사람들은 유보된 자연권으로 정부를 타도할 혁명권도 가질 수 있다고 했다. 이러한 로크의 자연권, 제한정부론, 폭정에 대한 저항권(=혁명권) 등의 사상은 1690년 출간된 '정부에 관한 두 논문(Two Treatises of Civil Government)'에서 체계적으로 서술되었다. 원래 영국의 명예 혁명(1688)을 합리화시키기 위해 제시된 로크의 이러한 관점은 아메리카 독립전쟁 및 프랑스 혁명기에 중요한 사상으로 수용되기도 했다. 한편 그는 '인간오성론(An Essay Concerning Human Understanding)'에서 데카르트(Descartes)의 본유개념(*idees innes*)을 반박했다. 즉 그는 인간의 정신이 원래 백지(*tabula raxa*)와 같은 것이라는 견해를 제시했을 뿐만 아니라 인간 지식의 근원을 감각적 기초에 입각시키려고도 했다.[6] 이러한 로크의 인식론은 근대 심리학·교육학 및 사회과학 발전에도 지대한 영향을 끼쳤다 하겠다.

---

6) 이러한 견해는 경험론에서 비롯되었다 하겠다. 인간은 필요한 모든 것을 이해할 수 있는 능력을 갖추었기 때문에 지식의 원천은 환경과의 접촉에서 얻은 경험과 그것에 대한 성찰에서 비롯된다는 것이 경험론의 기본적 관점이다. 그런데 이러한 경험론은 인간이 지닌 이성에 대한 절대적 신뢰에서 비롯된 것이라 하겠다.

3. 볼테르(Voltaire)와 몽테스키외(Montesquieu)

볼테르(Voltaire)는 정통기독교가 인류 최악의 적이라는 혹평을 가했을 뿐만 아니라 전제정부에 대한 모욕적인 발언도 했다. 이에 따라 그는 3년간 영국에서 머물렀고 이 기간 동안 그는 로크의 작품을 읽었고 거기서 개인적 자유론에 대해 심취하게 되었다. 이후 그는 지적·종교적·정치적 자유를 위한 투쟁에 몰두하게 되었고 그것은 그로 하여금 계몽사상의 선구자역할을 담당하게 했다.[7] 그러나 이 인물은 다른 계몽사상가들과는 달리 계몽군주제를 이상적인 정부형태로 간주하는 보수성도 보였다.[8]

몽테스키외(Montesquieu)는 볼테르보다 구체적이고 체계적인 정치사상을 제시했다.[9] 그는 정치학을 순수한 연역보다는 아리스토텔레스(Aristoteles)의 연구방법처럼 과거에 실존했던 정치체제를 연구하는 학문으로 정의했다. 따라서 그는 자연법의 의미를 역사적 사실 속에서 찾고자 했다. 아울러 그는 만인에게 적합한 유일하고, 완전무결한 정부가 있다는 가정을 거부하면서 각 정치제도는 각기 고유의 외부 조건, 즉 국가의 사회적 발전수준 및 국토 규모와 조화되어야 한다고 역설했다. 따라서 그는 전제정(despotism)은 넓은

---

7) 이 시기 볼테르는 국가의 역할에 대해서도 언급했는데 그것에 따를 경우 국가란 지배자 개인의 영욕을 위해 존재하는 것이 아니라 인민의 필요성과 희망을 만족시키는 도구로 존재해야 한다는 것이다.
8) 볼테르의 대표적 저서로는 '루이 14세 시대사'와 '칸디드(Candide)'를 들 수 있다.
9) 이 인물은 프랑스 남부 지방의 토지귀족이었다.

영토를 가진 국가에 적당하며, 제한군주제(limited monarchy)는 적절한 크기의 국가에, 그리고 공화정(republican government)은 작은 영토를 가진 나라에 적합하다라는 견해를 제시했다.10) 아울러 그는 '법의 정신(*L'Esprit des Lois*;1748)'11)에서 삼권분립, 즉 입법, 사법, 행정의 분립을 주장했는데 그것은 그가 인간의 기본적 욕구중의 하나라 할 수 있는 권력욕과 거기서 파생될 수 있는 부작용을 우려했기 때문이다.

4. 루소(Rousseau)

루소(Rousseau)는 의지를 '개인적 의지'와 '일반적 의지(*volenté générale*)'로 구분했다.12) 여기서 그는 사리사욕에 빠질 수 있는 개인적 의지와는 달리 일반적 의지는 언제나 공동의 선과 이익을 추구한다는 주장을 펼쳤다. 이 당시 루소는 일반의지의 표현을 법,

---

10) 몽테스키외는 기후 및 산업의 발전 역시 정치제도에 영향을 줄 수 있는 인자들이라 했다.

11) 몽테스키외의 '법의 정신'은 20년에 걸친 필생의 대작이었고, 당대에 22판을 찍을 정도로 관심의 대상이었다.

12) 루소는 1712년 6월 28일 스위스 제네바에서 프로테스탄트인 시계공의 둘째 아들로 태어났으나, 그의 어머니는 루소가 태어난 지 불과 10여 일 만에 죽었다. 그의 가족은 종교적 분쟁으로 인해 프랑스에서 제네바로 이주했다. 루소는 일곱 살까지 방탕하고 우매한 성격의 아버지와 함께 보냈는데 그는 아들의 양육에는 무관심했다. 그러면서도 그는 루소에게 소설류를 탐독하게 했는데, 그 중의 하나가 플루타르크 영웅전이었다. 비록 체계적인 독서는 아니었으나 이때의 독서가 후일 대사상가의 기초가 마련된 시기라 하겠다.

일반의지의 행사를 주권으로 이해했다. 여기서 그는 주권이라는 것이 항상 일반에게 있으며 그것의 양도가 불가능하므로 간접민주주의 대신에 직접민주주의를 채택해야 한다는 견해를 제시했다. 그러나 루소가 지향한 직접민주주의를 거대한 영토와 많은 인구를 가진 근대국가에서 실시한다는 것은 거의 불가능하다고 볼 수 있다. 따라서 그의 일반적 의지는 국민투표를 통해 생명력을 유지할 수 있지만 국민투표의 결과가 국민전체의 집약된 의지로 해석되어야 하는 문제점을 가지게 된다. 즉 국민투표를 유도하거나 조작하여 국민의 지지를 얻어내려는 지배자는 국민의 의지라는 명목으로 독재를 실시할 가능성이 매우 높다는 것이다.

루소는 자연을 정복한다는 목적으로 시작된 문명을 인간타락의 주된 요인으로 간주했다. 따라서 그는 문명이 자연에 근접할수록 인간의 타락 역시 축소되리라는 견해를 제시했다. 루소는 1755년에 출간한 '인간 불평등 기원론(Discourse on the Origin of Inequality)' 에서 문명의 가장 큰 해독에 대해 언급했는데 그것은 인위적으로 형성된 사유재산제도였다. 그에 따르면 사유재산이 등장한 이후부터 사람들은 범죄, 살인, 전쟁, 공포, 그리고 불행에 휘말리게 되었고 자신들의 사유재산을 지키기 위해 법률의 제정과 지배자의 등장도 요구하게 되었다는 것이다.13) 따라서 루소에게 있어서 정부

---

13) 18세기 후반에 접어들면서 재산권을 완전히 부정하지 않은 루소의 관점보다 진보적인 견해들이 제시되기 시작했다. 즉 모렐리(Morelly)와 마블리(Mably) 등은 사유재산이 사회적 불행의 원천임을 주장하면서 그것의 타파를 요구했다. 즉 이들은 평등이 자연의 법칙이라는 주장을 펼쳤던 것이다.

는 악惡이었지만 없어서도 안 될 필요악必要惡이기도 했다. 여기서 루소는 개인의 자유와 정부의 제도를 조화시키는 방법을 모색했다. 1762년 출간된 '사회계약론(Du Contrat Sociale)'에서 루소는 그 해결책을 제시했는데 그것은 사회구성원인 인민들 사이에 사회계약을 체결하는 것이었다.[14] 그런데 루소의 이러한 견해는 로크(Locke)의 계약론과는 다른 것이라 하겠다. 루소는 사회계약을 사회구성원 전체의 개별적 의지의 집약으로 이해했지만, 로크는 통치자인 군주와 인민사이의 정치적 계약으로 보았던 것이다.[15]

5. 케네(F.Quesnay)와 스미스(A.Smith)

이 당시 계몽사상가 들은 경제적 측면에서도 자연법칙을 찾으려고 했다. 이러한 시도를 펼친 대표적 인물로는 케네(F.Quesnay)를 들 수 있다. 중농주의자(Physiocrats)였던 케네는 상업과 공업을 활성화시키기 위해 정부가 취하던 일련의 특혜조치를 강력히 비난했다. 케네는 재부의 원천이 금이나 화폐가 아니라 토지와 농업이라

---

14) 루소는 자신의 작품에서 '인간이 자유를 포기하는 것은 곧 인간으로서의 자격을 포기하는 것이며 인간이 가지는 권리는 물론 그 의무까지도 포기하는 것이다'라는 언급을 했다.
    루소의 책은 프랑스혁명의 성서로 간주되었고 자유·평등·박애를 지향한 프랑스혁명의 표어도 여기서 비롯되었다.
15) 루소는 자신의 작품에서 국가는 개인의 재산권이 남용되는 것을 처벌하고, 유산에 대한 누진세를 도입하여 사회적 형평도 유지시켜야 한다고 언급했다. 볼테르는 이러한 그의 관점에 대해 부정적인 시각을 표출하는데 주저하지 않았다.

는 자연적 재부관을 피력했다. 이어 그는 인위적인 경제정책을 통해 국가가 국민의 경제생활을 간섭할 것이 아니라 자유로이 활동할 수 있게끔 자유방임(*laissez-faire*)정책을 펼쳐야 한다는 주장을 펼쳤다. 즉 그는 수요와 공급 및 가격을 자연적 추세에 위임시켜야 한다는 견해를 제시했던 것이다.

자유방임이론은 스코틀랜드의 스미스(A.Smith)에 의해 보다 체계화되었다. 스미스는 1776년에 출간한 '국부론(An Inquiry into the Nature and Causes of the Wealth of Nations)'에서 개인의 경제적 자유를 보장하기 위해서는 정부가 개인의 경제생활에 개입해서는 안 된다는 견해를 제시했다.16) 이어 그는 정부과제로 첫째, 외부의 침략으로부터 사회를 지킨다. 둘째, 개인에 대한 개인의 공격을 차단시킨다. 셋째, 약간의 공공기관을 설치, 운영하는 정도의 한정된 행동만을 해야 한다 등을 제시했다. 이러한 그의 관점은 정부를 소극적인 경찰관의 지위까지 낮추려는 것이었고 그것은 바로 자연법에 따르는 질서와도 일치되었기 때문이다. 그에 따르면 각 개인이 자신의 이익을 추구하도록 방임할 경우 '보이지 않는 손'이 작용하여 사회전체의 복리증대를 가져올 수 있다는 것이다. 스미스는 자신의 저서에서 참된 경제적 복지가 중상주의적인 정책이나 국제교역의 규제를 통해 이루어지는 것이 아니라 모든 제한이나 통제로부터 완전히 벗어나야 달성될 수 있다는 것을 증빙하려고

---

16) 스미스는 사람들 모두가 그들 스스로의 특수한 필요 및 능력을 정확히 판단하기 때문에 자유경쟁 하에서 자연스럽게 행동할 경우 인적·물적 자원의 합리적 사용 역시 가능하다는 관점을 피력했다.

했다. 즉 개인이나 사회의 참된 부는 금이나 은의 보유량으로 결정되는 것이 아니라 오히려 그들이 자유롭게 사용할 수 있는 상품 및 용역의 양과 질로서 측정된다는 것이 그의 관점이었던 것이다. 만일 보다 능률적인 생산자들이 자신들이 원하는 대로 자유롭게 제품을 판매할 경우 그들 사이에서의 경쟁은 제품의 가격을 자동적으로 일률적 수준, 즉 세계시장가격으로 하향시킬 것이며, 따라서 소비자들은 일정한 금액을 가지고 보다 많은 상품을 구입할 수 있게 된다는 것이다. 만일 이러한 방법이 저해될 경우 양질의 상품들은 시장으로부터 퇴출될 것이며, 소비자들은 비능률적 생산자들이 만든 허울 좋고 값비싼 제품을 구매할 수밖에 없는 상황에 놓이게 될 것이라는 것이다. 이렇듯 수요·공급의 간단한 법칙이 자연스럽게 전개될 경우 최대한의 경제적 복지는 가능하겠지만 정부가 이러한 자율적 경제과정을 저해할 경우 국가의 부는 감소하게 될 것이라는 것이 스미스의 관점이었다.[17]

디드로(Diderot:1713−1784)[18]와 달랑베르(d'Alembert:1717-1783) 등 이른바 백과전서파(encyclopédistes)도 계몽사상을 널리 보급하려는 뜻에서 1751년부터 1772년까지 11권의 도판을 포함하여 총 28권으로 구성된 백과전서, 또는 과학, 예술, 직업의 합리적 사전 (*Encyclopédie, ou dictionnaire raisonne des sciences, des art et des metiers*)을 편

---

17) 이 당시 스미스는 케네와는 달리 산업 각 분야에서의 상품생산, 즉 노동을 재부의 원천으로 간주했다.

18) 디드로는 교사 및 번역활동을 하다가 1746년 '철학적 사색'이란 책을 출간하여 주목을 받았으며 1749년에는 자신의 무신론적 관점을 요약한 '맹인에 관한 서한'을 출판하여 1년 동안 뱅센느(Vincennes) 감옥에 투옥되기도 했다.

찬했다.[19] 여기서 디드로는 진부하고, 터무니없는 모든 것들을 없애고, 이성에 기초하지 않는 지식들을 타파해야 한다는 주장을 펼쳤다. 아울러 그는 과학과 기술연구에 자유를 부여해야 한다는 견해도 제시했다. 이제 백과전서는 지식의 저장고일 뿐만 아니라 전통적인 사회악과 권위에 도전하는 무기도 되었다.

6. 공상적 사회주의

사회주의는 경제적 복지를 실천시키겠다는 자유주의가 그 약속을 지키지 못한데서 비롯되었다. 자유시장의 이론가들은 교역 및 제조업에서 정부의 통제가 제거될 경우 물질적 측면에서의 생활수준 역시 급격히 향상되리라는 확신을 했는데 그러한 것은 전혀 근거 없는 것은 아니었다. 비록 자유시장의 제 원칙이 국제교역에서 제한 없이 적용되지는 않았지만 프랑스혁명 이후 자유시장제도가 한시적으로 채택되었고 거기서의 경험을 토대로 앞으로 많은 것을 얻을 수 있다는 확신을 사람들이 가지게 되었던 것이다. 실질적인 부가 전례 없이 증대되었고, 동시에 인구 역시 급격히 증가했다는 사실은 적어도 산업혁명에서 비롯된 이익의 일부가 광범위하게 공

---

19) 백과전서편찬은 원래 영국의 체임버즈 사전(*Chambers: Cyclopedia or Universal Dictionary of the Arts and Sciences*)을 프랑스어로 옮기려는 시도에서 비롯되었다. 사전편찬에는 디드로, 달랑베르, 볼테르, 튀르고(Turgo), 케네, 드조쿠르(Chavalier de Jaucourt:1704-1779)를 비롯하여 모두 160명 여명에 달하는 학자 및 지식인들이 참여했다. 그러나 이 사전은 전체 항목의 60% 이상에서 필자를 확인할 수 없는데 그것은 당시의 통치체제에서 비롯되었다 하겠다.

유되었다는 것을 알려주고 있다. 그러나 당시 관측자들의 주목을 끈 것은 그러한 과정에서 야기된 경제적인 불평등이었다. 비교적 부유한 계층, 즉 생산수단을 가진 산업자본가 계층만이 새로운 경제질서체제에서 유발되는 혜택을 누렸던 것이다. 이 과정에서 은행가 및 시장의 투기자들은 엄청난 부를 축적하게 되었지만 노동자 계층의 경제적 상황은 이전보다 훨씬 열악해졌다. 이제 경제발전의 이익이 모든 사람들에게 분배되리라는 기대를 가지고 자유주의를 추종했던 사람들은 쓰디쓴 경험을 해야만 했고 사회주의는 그러한 실망적 반응에서 비롯된 것이라 하겠다.

경제적 불평등이 자유경쟁의 피할 수 없는 결과로 인식됨에 따라 평등의 주창자들은 자연히 자유 시장 그 자체를 인류복지를 저해하는 최대의 장애물로 간주하기 시작했다. 이전의 자유주의자들과 마찬가지로 사회주의자들 역시 진보에 대한 확고한 신념을 가지고 있었다. 아울러 이들은 사람들이 태어날 때부터 자신들이 가진 창조적 능력을 자유롭게 발휘할 경우 그들이 이룩할 수 있는 것에는 한계가 있을 수 없다는 확신도 가지고 있었다. 그럼에도 불구하고 이들의 견해 및 입장은 현격히 구별되는데 그것은 사람들이 현 상태 하에서 왜 자신들의 잠재적 능력을 충분히 발휘할 수 없는가를 설명하는 과정에서 비롯된다 하겠다. 자유주의자들의 관점에서 볼 때 인간의 자아실현을 가로막는 장애물은 법적 불평등였지만, 사회주의자들의 입장에서 볼 때, 그것은 주로 경제적 불평등에서 기인되는 것이었다. 따라서 그러한 불평등을 유발시키는 시장경쟁체제제거가 바로 사회주의 운동의 핵심적 목표로 부각되었던 것이다.

사회주의적 관점이 진지하게 논의되기 시작한 것은 19세기 초반부터였는데 프랑스가 그 중심지로 부각되었다. 우리는 초기 사회주의자들을 지칭하여 '유토피언(Utopian)'이라고 하지만 그들 사이에는 극복할 수 없는 의견적 대립도 있었다. 생시몽(S. Simon)과 루이 블랑(L. Blanc)은 중앙집권적 경제체제의 도입을 주장했다.[20] 이에 반해 같은 시기에 활동했던 다른 인물들은 여러 형태의 사적 연합체를 통해 당시 부각된 사회적 문제를 해결해야 한다는 견해를 제시했다. 즉 이들은 당시 산업사회에서 겪어야 했던 모든 어려움으로부터 벗어나기 위해, 시장보다는 자유로운 협동원칙 하에서 사람들이 필요로 하는 모든 것들을 공급할 수 있는 자급자족적인 공동촌을 형성해야 한다는 것이었다. 이러한 입장을 가장 잘 대변한 인물이 바로 푸리에(Fourier)였다. 푸리에는 팔랑크스(Phalanges)라는 이름의 공동촌을 제시했는데 그것은 마치 취미상점으로 가득 찬 하나의 정교한 휴양호텔을 방불케 했다.[21] 푸리에에

---

20) 이들은 정부기금으로 '모범협동조합공동체(model cooperative communities)'의 설립을 요구했다.

21) 팔랑크스는 각각 50만평의 토지를 공유하는 약 1,600명으로 구성된 집단이다. 여기서 공동체구성원들은 하나의 큰 건물인 팔랑크스관(*phalanstere*)에 집단으로 거주하며 자유롭게 자신들의 각종 즐거움을 추구한다. 그리고 각자의 관심에 따라 일에 종사하고 쾌락을 위한 물건들을 생산하기도 한다. 돈과 물건은 평등하게 분배되는 것이 아니라 특수기술이나 책임자에게는 응분의 보상을 한다. 예컨대 직접 일을 한 사람은 이윤의 12분의 5, 경영·관리를 한 사람은 12분의 4, 자본을 투자한 사람은 12분의 3을 분배받는다는

비해 프루동(Proudhon)은 좀더 현실성 있는 이론을 제시했다. 즉 그는 노동자계층만으로 구성된 협동조합을 전국적으로 조직하여 조합들이 재화 및 용역의 교환을 위해 상호간 협상한다는 제도를 제안했던 것이다. 이렇게 단 하나의 운동을 위해 적지 않은 인물들이 다양한 견해를 제시한 적은 거의 없었다. 그러면서도 이들은 공통된 관점을 가지고 있었다. 즉, 이들은 개인기업 및 시장경제가 인류복지에 위해적 요소로 작용한다는 생각을 했을 뿐만 아니라 그것을 대신하여 좀 더 책임 있는 사회적 조직이 등장해야 한다는 입장도 밝혔던 것이다. 비록 유토피아적 사회주의 이론이 추종자들을 많이 확보하지는 못했으나, 그러한 이론들이 지속적으로 제기되었다는 사실은 당시의 경제적 불평등에서 비롯되는 불만이 그 어느 때보다도 훨씬 높았다는 것을 알려 주는 일례라 하겠다.

7. 마르크스(Marx)

사회주의에 대해 효율적 이데올로기를 제공한 인물은 마르크스(K. Marx)였다. 마르크스와 그의 협조자였던 엥겔스(F.Engels)는 생의 대부분을, 즉 1849년부터 1883년까지 산업혁명의 본거지였던 영국에서 보냈다. 이들 역시 초기사회주의자들과 마찬가지로 중산계층 출신이었다. 따라서 개인적 경험이 아닌 인류애적 감정이 그들로 하여금 노동계층의 지위향상에 헌신하도록 한 것 같다. 마르크스

것이다.

는 영국으로 건너가기 전 파리에서 일시적으로 체류했는데 이 시기에 그는 프랑스의 적지 않은 사회주의자들과 접촉했다. 여기서 그는 이들이 제시한 목표에 대해 동의했지만 그것의 실천방법이 너무나 비현실적이라는 사실도 알게 되었다. 실제적으로 그들의 이론은 논증적 절차 없이 독단적으로 구성된 이론에 불과했다. 이에 반해, 마르크스는 방법론적인 문제에 대해 깊은 관심을 가졌던 철학자였다. 그의 견해에 따를 경우 사회주의가 필요로 하는 것은 하나의 진정한 과학적 이론이고 그것은 기존의 사회질서체제를 붕괴시키는 당위성을 부각시켜야 할 뿐만 아니라 그것을 필연적으로 증빙도 해야 한다는 것이었다. 그리고 이러한 이론정립이 바로 자신의 일생일대의 야심적 과제였던 것이다.[22]

그런데 이러한 목표를 실천하는 과정에서 마르크스는 하나의 커다란 장애물을 제거하지 않으면 안 되었다. 아직 보수적 반동의 여파가 제거되지 않았기 때문에 마르크스가 활동했던 시기의 지적 분위기는 프랑스 대혁명이 발생했던 시기보다 혁명적 이론에 대해 훨씬 더 배타적이었다. 이 당시 사람들은 사회생활에서 연속성을 부각시키려 했고, 사회적 변화를 하나의 점진적 진화의 문제로 간주하려고 했다. 비록 궁극적인 목표에서 급진적인 자세를 가졌지만 사회주의자들 역시 자신들의 목표에 서서히 접근해야 한다는 사실을 인지하고 있었던 것이다. 그렇다고 해서 마르크스가 그들

---

22) 마르크스는 지배계층의 이익을 대변하고 옹호하기 위해 사회의 구조적 관계를 은폐시키거나 변환시킴으로써 사회에 대한 우리의 생각을 왜곡시키는 것을 이데올로기라 했다.

과 전혀 다른 의견을 가졌다는 것은 아니다. 마르크스는 오히려 그들보다 더욱 철저히 역사는 연속적이고 필연적 과정을 거쳐야 한다는 확신을 가지고 있었는데 그것은 그가 헤겔(Hegel)의 역사철학의 영향을 많이 받았기 때문이다. 그러나 마르크스는 기존질서체제를 타파하기 위해서는 철저한 혁명적 격변도 필요하다라는 사실도 알고 있었다. 역사의 연속성은 프랑스 혁명이후 자유주의자들에 의한 권력쟁취를 막지 못했다. 이제 마르크스 앞에 놓인 과제는 어떻게 역사적 과정이 노동자들에게도 유사한 계기를 제공하는 가였다. 즉 이들이 곧, 그리고 그것도 필연적으로 혁명행위를 성공적으로 일으킬 수 있을 것이라는 것을 증빙해야 하는데 그것이 바로 마르크스의 과제였던 것이다.

이러한 문제에 대한 그의 답은 변증법적 유물론이었다.[23] 변증법적이란 말은 철학에서 사용되는 기술적인 어휘 중에서 그가 차용한 하나의 용어라 하겠다.[24] 원래 변증법적이라는 것은, 우리가

---

23) 변증법적에 대응하는 단어들, 즉 dialectic(영어), dialectique(프랑스어), Dialektik(독일어), dialectica(라틴어)는 그리스어의 변증법적 방법(*dia-lektike techne*)에서 유래되었다. 접두사 *dia*와 어간 *lekesthai*로 구성된 *dialektike*란 말을 거슬러 올라갈 경우, 동사 *dialekesthai*에서 파생되었음을 확인할 수 있다. 그런데 사람들의 설명에 따를 경우, 접두사 *dia*는 분할·구별·분리라는 의미 이외에도 완전한 수행이라든지, 경쟁이라든가, 어떤 상황에 다수의 사람들이 참여한다라는 관념도 포함한다. 그리고 어간 *lekesthai*의 어근은 로고스(*logos*)라는 용어의 뜻과 마찬가지로 '용어'라든가 '말하다'를 의미한다. 따라서 *dialekesthai*는 *dialogos*와 같이 '대화(하다)'를 의미하지만 접두사 *dia*가 지닌 의미를 충분히 고려할 경우, "참가자들이 화제를 분할하고, 상호간의 입장을 이해하면서 주제를 공동으로 추구하고, 그것을 깊이 논의한다."라고 정의할 수도 있다.

지적인 대화를 하는 과정에서 어떤 관념을 형성하고 그것을 명확히 하는 과정 전체를 지칭하는 것이다. 처음에 정립(These)이라 부르는 하나의 명제가 제시되면 그것은 그 뒤에 반정립(Antithese)이라 불리는 또 하나의 대립되는 명제로부터 도전을 받게 된다. 이렇게 제시된 두개의 명제는 그 일부만이 진리인 것으로서, 우리는 그 후 토론의 결과 종합(Synthese)이라고 지칭되는 수정 명제를 얻게 된다. 이렇게 보면, 종합은 결국 앞의 두 명제로부터 각각 타당성 있는 요소만을 선택해 조화시킨 것으로 볼 수 있을 것이다. 변증법적 유물론은 바로 사회제도의 역사적 전개 역시 그러한 양식을 따른다는 것을 입증하기 위한 하나의 시도로 볼 수 있을 것이다. 유물론에 대한 마르크스의 해석에 따를 경우, 인간생활을 움직이는 근본적인 힘은 경제적 동기, 즉 물질적 복지에 대한 추구욕이라는 것이다. 경제발전의 어느 단계에도 항상 지배계급이 있게 마련인데, 그들은 토지, 공장, 또는 기타 부의 원천이 되는 것들을 소유함으로써 사회전체를 지배할 위치에 서게 되는 것이다. 그러나 그러한 지배계급의 힘이 아무리 강력하다 하더라도 그것은 근본적으로 안정될 수 없다는 것이 마르크스의 관점이었다. 시대 변천에 따라 부의 새로운 원천이 발견되고, 그것에 따른 새로운 형태의 경제조직이 도래한다는 것이다. 이러한 기회를 이용하기 위해 새로운 계급이 등장하게 되며, 그것에 따라 이전의 지배계급은

---

24) 마르크스가 자신의 이론을 전개하는 과정에서 그것을 어떻게 활용했는가를 살펴보면, 우리는 그가 철학도로서 받은 훈련으로부터 얼마나 많은 도움을 받았는지를 짐작할 수 있다.

그들이 그동안 향유했던 독점적 지위를 상실하게 된다는 것이다. 변증법적으로 말하여, 기존질서체제라는 하나의 정립은 필연적으로 새로운 혁명계급을 통해 그 자신과 대립된 또 하나의 반정립을 창출한다는 것이다. 그 결과 혁명적 위기가 하나의 종합으로 등장하게 되는데, 여기서 이미 그 점진적 성장을 완료하고 이전의 계급보다 더욱 강력한 새로운 계급이 이전의 지배자들을 타도하고 자신들의 이익에 알맞게 사회를 전면 개편한다는 것이다. 즉 역사는 하나의 변증법적 과정으로서 각 시기는 혁명을 통해 그 진화적 성장의 최고조에 이른다는 것이다. 변증법적 유물론은 이렇게 필연적인 발전과정의 성격을 규명하기 위해 마르크스가 사용한 용어라 하겠다.

변증법에 대한 확신은 마르크스로 하여금 당시 대다수의 사회주의자들이 가지지 못했던 확실성을 가지고 미래의 일을 예측하게끔 했다. 당시의 지배계층, 즉 자본가들은 공장, 은행, 또는 기타의 사회적 기구를 소유함으로써 산업혁명시대의 경제생활을 지배하기 시작했던 것이다. 이들은 프랑스혁명을 통해, 혁명전 토지소유를 기반으로 세력을 발휘하다가 점차적으로 약화된 구제도의 기득계층, 즉 지배자와 귀족들을 축출하는데 성공한 신흥 자본계층이었다. 이렇게 들어선 신흥 지배계층은 이후 여론장악에 필요한 학교, 교회, 언론계를 포함한 당시의 모든 정치적, 사회적 제반제도를 자신들의 이익에 부합되게끔 전면 개편했다. 그러나 이들의 힘이 아무리 강력하더라도 이들 역시 그 수명이 얼마 남지 않았다는 것이다. 새로운 산업체제라는 정립은 이미 필연적으로 그것의 반정립인 공장노동자 또는 사회주의자들이 흔히 지칭하는 프롤레타리아(무산계급)을 산출시켰던 것이다. 노동이외에 아무 것도 가지지 못했던 노동자들은 자본가들이 설정한 조건에 따라 일정한 임금을 받기 위해 일할 도리밖에 없었다. 자본가들이 노동시장의 독점권을 장악한 것은 그들이 생산에 필요한 중요한 기재들을 가졌기 때문이다. 이들은 임금을 기아선상까지 내리고, 잉여가치(Mehrwert) 또는 이윤의 형태로 노동자들이 생산하는 부의 대부분을 착취했던 것이다. 착취당하는 계급으로서의 프롤레타리아들은 자신들의 공통된 이익이 바로 자본가들을 제거하는데 있다는 사실을 점차적으로 자각하게 되었는데 그것은 자본주의체제의 근본적 구조가 변하지 않는 한 프롤레타리아의 힘은 지속적으로 성장할 수밖에 없다는 것이 마르크스의 관점이었다. 경쟁적인 경제상황 하에서 취약한 자본가들 역시 그들보다 부유하고 능률적인 경쟁자들에 의해 토대될 수밖에 없고 종국적으로 그들 역시 프롤레타리아 계급으로 전락하고 만다는 것이다. 그로 인한 필연적인 결과로서 숫자 및 세력에서 강력해진 프롤레타리아들이 순전히 자신들의 수적인 힘으로, 점차 수적이나 세력상으로 허약해진 자본가계급을 타도하는데 성공하게 된다는 것이다. 이렇게 되면 하나의 새로운 혁명적 위기가 조성되고 공장노동자들은 마치 그들 이전의 프랑스혁명가들이 그러했듯이 그들 자신의 변증법적 종합을 창조할 기회를 가지게 된다는 것이다.

2장. 청교도 혁명

1. 발생원인

엘리자베스 1세(Elisabeth I)가 1603년 후계자 없이 사망함에 따라 100년 이상 영국을 통치했던 튜더(Tudor)왕조도 단절되었다.1) 이에

---

1) 일반적으로 엘리자베스 1세의 통치시기를 영국 절대왕정체제의 극성기로 보고 있다. 엘리자베스 1세는 가톨릭부활에 혼신의 노력을 펼쳤던 자신의 이복 언니인 메리(Mary)여왕과는 달리 아버지 헨리 8세(Henry VIII)의 위업을 계승하여 영국교회의 프로테스탄티즘화를 지향했다. 따라서 엘리자베스 1세는 즉위한 직후, 즉 1559년에 통일령(Act of Uniformity)을 발표하여 영국국교회를 정식으로 발족시켰는데 그것은 엘리자베스 1세가 정치 및 종교적 실권을 장악했다는 것을 의미한다. 엘리자베스 1세는 녹스(J.Knox)의 제안에 따라 1563년 39개조를 발표하여 교회생활의 기준을 마련했는데 에드워드 4세가 1549년 발표한 42개조의 통일령이 그 기초가 되었다. 엘리자베스 1세는 상공업의 활성화에 대해서도 관심을 표명했다. 그리고 상공업을 활성화시키기 위해서는 스페인과의 대립에서 우위를 차지해야 한다는 생각을 가지게 되었다. 따라서 이 인물은 스페인의 막강한 해군력을 격파시키려는 계획을 수립했고 그것을 1588년에 구체화시켰다. 이후 엘리자베스 1세는 1584년 신대륙에서 영국의 거점, 버지니아(Virginia)를 확보했고 이 지

따라 스튜어트(Stuart)왕조가 1603년부터 영국을 통치하기 시작했다. 그러나 스튜어트 왕조의 왕들은 재정적인 어려움에 놓이게 되었는데 그 이유로는 엘리자베스 1세 시기의 막대한 전쟁비용과 거기서 비롯된 화폐의 평가절하를 들 수 있을 것이다. 이러한 재정적 압박은 왕권신수설과 왕의 특권에 대해 이의를 제기하던 의회와의 충돌을 야기 시키는 계기가 되었다.

1603년 스코틀랜드의 제임스 6세(James VI)가 영국에서 제임스 1세(James I)로 등극했다.[2] 그러나 이 인물은 영국의 현실적 상황 및 의회적 전통을 파악하지 못했다. 따라서 그는 1598년에 출간된 '참다운 군주국가의 법(*The Law of Treu Monarchies*)'에서 왕권신수설을 강조했다.

'신이 하는 일에 이의를 제기하는 것은 무신론자인 것처럼 왕의 권한에 대해 신하가 언급하는 것은 주제넘은 짓이자 엄청난 모독에 불과하다. 착한 군주는 법에 따라 통치하지만 항상 법을 초월하고 그것의 구애 역시 받지 않는다.'

이후 제임스 1세는 의회의 과세권을 인정하지 않으려 했고 그것은 새로운 과세나 독점권을 남발하는 계기가 되었다.[3] 이 당시 의

역에서의 경제적 이득을 추구하기 위해 1600년 12월 31일 동인도회사(East India Company)도 설치했다.
2) 스코틀랜드의 제임스 4세(James IV)와 결혼한 마가레트(Magaret)의 증손자였다.
3) 1611년 제임스 1세는 왕권신수설(the theory of the divine right of kings)에 대한 자신의 관점을 다시금 피력했다.

회는 회기 중 의원들이 아무런 제재나 통제 없이 양심에 따라 자유롭게 발언할 수 있다라는 내용의 '변론(Apology)'을 작성하여 의회적 특권을 강조했다.

제임스 1세는 예배의 개혁과 보다 엄격한 종교적 규율을 요구하던 청교도(Puritans)들에 대해 부정적인 시각을 가졌을 뿐만 아니라 그들에 대한 종교적 탄압도 주저하지 않았다. 이 당시 청교도들은 영국국교 개혁이후에도 여전히 남아 있던 가톨릭 의식을 영국 교회로부터 배제시켜야 한다는 견해를 제시했다. 즉 이들은 성찬식, 교회예술이나 교회음악을 부정했을 뿐만 아니라 성경읽기, 신과 개인의 관계, 도덕, 그리고 설교의 중요성도 부각시키려 했다. 이후 청교도들은 종교적 박해로부터 벗어나기 위해 1608년부터 신대륙으로 이주하기 시작했는데 본격적인 이주는 1620년 102 명의 청교도들이 메이플라워(May Flower)를 타고 신대륙으로 떠난 이후부터라 하겠다.

'성서 속에서 왕은 신으로 지칭되고 있다. 따라서 그의 권력은 어떤 의미에서 보면 신의 권력과 비유된다 하겠다. 왕은 이 세상에서 신의 권력 내지는 신의 권력과 비슷한 힘을 행사할 수 있기 때문에 신으로 불리는 것은 당연하다. 신의 속성을 살펴보면 그것이 얼마나 왕의 그것과 일치되는 가를 알 수 있다. 신은 자신의 뜻대로 세상을 창조하고 파괴하고 만들어 없애는 권력, 생명체를 살리거나 죽이는 권력, 모든 것을 심판하고 누구로부터도 심판을 받지 않고 또 누구에게도 책임을 지지 않는 권력, 자신의 뜻대로 낮은 것을 높이고, 높은 것을 낮추는 권력도 가지고 있다. 따라서 정신 및 육체가 신에게 귀속되는 것이다. 이것과 동일한 권력을 왕도 가지고 있다. 그는 신하를 만들기도 하고 없애기도 한다. 그들을 승진시키거나 퇴출시키는 권력, 살리거나 죽이는 권력도 가진다. 왕은 신하 전원에 대해 모든 경우의 심판관이며, 나아가 신 이외의 다른 무엇에 대해서도 책임을 지지 않는다.'

그러나 제임스 1세는 통치 말기 의회의 요구, 즉 관리임명과 외교정책에 대한 간섭권을 부분적으로 수렴했는데 그것은 30년 전쟁(1618－1648)의 참여비용을 마련하기 위해서였다[4].

찰스 1세(Charles I:1625－1649)는 제임스 1세의 아들로 왕권신수설에 입각한 자의적 전제정치를 보다 강화시켰다. 그는 의회의 승인 없이 새로운 세금을 부과하고 독점권을 남발했을 뿐만 아니라 국교주의도 강조했다. 이에 따라 의회는 1628년 6월 7일 권리청원서(Petition of Right)를 제출했다.[5] 왕은 이러한 의회의 압박을 수용할 수밖에 없었는데 그 이유는 프랑스와의 전쟁으로 국가재정이 어려워 졌기 때문이다. 의회가 제출한 권리청원서에서는 다음의 것들 즉, 첫째, 평시에는 계엄령을 선포할 수 없다. 둘째, 군대의 민가주둔을 금지한다. 셋째, 자의적인 과세를 금지한다. 넷째, 불법적인 인신구속 및 투옥을 금지한다 등이 언급되었다.

이후 선박세(ship money)가 시비대상으로 부각되었다. 전통적 관례에 따라 영국의 항구 도시들은 영국 해군에 선박을 제공하기 위해 자발적인 기부를 해 왔다. 그런데 찰스 1세는 이를 해안도시

---

4) 신교지역인 보헤미아(Bohemia) 지방이 오스트리아 왕국에 편입됨에 따라 1618년 이 지방에서 종교적 분쟁이 발생했다. 이러한 종교적 분쟁에서 열세적 상황에 놓이게 된 신교도들을 지원하기 위해 신교국가였던 덴마크와 스웨덴이 개입하게 되었고 그것은 분쟁의 양상을 국내전에서 유럽전으로 바뀌게 했다. 1648년 전쟁이 끝난 후 베스트팔렌(Westfalen)조약이 체결되었는데 거기서는 가톨릭과 동등한 권한을 칼뱅(Calvin)파에게도 부여한다는 것 등이 거론되었다.

5) 권리청원서는 1215년의 대헌장, 1689년의 권리장전과 더불어 영국헌정사상 가장 중요한 3대문서중의 하나라 하겠다.

및 내륙도시까지 확대 시행하려고 했다. 이러한 조치는 헴프던(J. Hampden)으로 하여금 징세거부운동을 일으키게 했다.6) 상황이 이렇게 전개됨에 따라 찰스 1세는 의회를 해산했다7). 이후 그는 11년간 의회를 소집하지 않고 중앙관료나 성직자들, 특히 당시 캔터베리(Canterbury) 대주교였던 로드(W.Laud)와 보수적 성향의 스트래퍼드(E. Strafford)의 지원을 받아 국가를 임의적으로 운영했다.8) 아울러 이 기간동안 왕은 낮은 가격으로 독점권을 판매했을 뿐만 아니라 중세의 재정청구권도 부활시켰다. 또한 그는 판사들에게 최고의 벌금을 징수하도록 요구하기도 했다. 그러나 1638년 스코틀랜드 교회(長老敎派)를 영국국교로 개종하는 과정9)에서 전쟁이 발생했고 그것은 그로 하여금 전비마련을 강요했다. 따라서 찰스 1세는 1640년 4월 13일 의회를 소집했다. 여기서 의회는 왕의 실정고백과 전쟁자금지원을 연계시키려고 했다. 이에 왕은 개원 22일 만에 의회를 해산시켰다(Short Parliament; 단기의회). 그러나 영국 내에서 반란이 일어나고 스코틀랜드 군이 영국의 북부지역을 침입함에 따라 왕은 의회를 다시 소집할 수밖에 없었다.10) 이에 따라

------

6) 이 운동으로 헴프던은 투옥되었다.

7) 찰스 1세는 의회가 조건 없이 자신의 정책을 지지한다는 입장을 밝힐 경우 의회를 다시 소집하겠다는 의사를 분명히 밝혔다.

8) 로드는 종교의식이 내적, 정신적 삶을 고양시킬 수 있다는 확신을 가졌기 때문에 설교보다는 성찬식을 강조했다.

9) 캔터베리 대주교는 국교회의 의식을 영국 내 모든 종파에게 적용시키려고 했다. 이에 스코틀랜드의 귀족들은 1638년 2월 28일 에든버러(Edinburgh)에 있는 그레이프라이어 교회 뜰에서 국민서약(National Covenant)을 발표했다. 여기서 이들은 개혁신앙과 장로교 규율을 재확인하고 어떠한 변화도 거부했다.

1640년 11월 3일 의회는 다시 개원되었고 여기서 주도적 역할을 담당했던 인물은 핌(J.Pym)이었다.[11] 곧 의회는 왕에게 다음의 것들을 요구했다. 첫째, 영국국교도와 청교도를 동등하게 취급한다. 둘째, 왕과 의회사이의 권력균형을 유지한다.[12] 셋째, 의회는 재정견제권을 가진다. 넷째, 선박세 및 압제의 대행기관이었던 성실청(Star Chamber)과 고급위원회(High Commission)와 같은 특별재판소를 폐지한다.[13]

2. 전개과정

찰스 1세는 의회의 이러한 요구에 대해 부분적 수용으로 대응하려고 했으나 의회는 그것을 용인하지 않았다.[14] 이러한 의회 반응에 대한 찰스 1세의 입장은 1642년 1월 4일 단행된 의회지도자에 대한 체포명령에서 확인할 수 있다. 찰스 1세의 이러한 조치에 대해 5명의 의회지도자들은 당시 정치적 피난처로 간주되던 런던시청으로 잠입했고 런던 시는 그들의 인도를 거부했다. 상황이 이렇게 전개됨에 따라 찰스 1세는 군사적 행동이 필요하다는 인식을

---

10) 스코틀랜드 군과의 전투에서 영국군은 패배를 당했고 그것은 영국으로 하여금 스코틀랜드군대의 주둔비용을 부담하게 했다.
11) 뛰어난 언변술을 가지고 있던 핌은 당시의 상황을 최대한 활용하고자 했다.
12) 여기서는 의회의 권한을 증대시키기 위한 3년회기법도 거론되었다.
13) 이것을 지칭하여 대간주(Grand Remonstrance)라 한다.
14) 찰스는 의회의 요구에 따라 로드와 스트래퍼드를 추방하고 처형했다.

가지게 되었고 필요한 군대를 소집하기 위해 1월 14일 런던을 떠나 요크(York)로 갔다.

　이후 의회는 왕당파(Cavaliers; 서북부;Tories)15)와 의회파(Roundheads; 동남부,London;Whigs)16)로 분파되었다. 이 당시 의회파를 주도한 인물은 올리버 크롬웰(Oliver Cromwell:1599－1658)이었다. 그는 신앙심이 두터운 청교도를 주축으로 철기군(용사군, Ironsides)을 조직하여 1644년 요크의 북서부 지역인 마스턴 무어(Marston Moor)에서 왕군을 격파했다.17) 1645년 6월 14일 철기군을 중심으로 한 의회군(New Model Army)은 내이스비(Naseby) 전투(Northhampton근처)에서 왕군을 다시 패배시켰다. 이에 찰스 1세는 스코틀랜드 군에게 피난처를 요구했지만 그는 1647년 1월 23일 의회 군에 인도되었다.

　왕당파를 제거한 의회는 장로파(The Presbyterians)와 독립파(The Independents)로 분열되었다. 의회에서 다수세력이었던 장로파는 왕과의 타협을 모색했지만 독립파는 교회제도를 배격하고 철저한 신앙자유를 지향했다. 독립파는 다시 독립파와 릴번(J.Lilburne: 1614－1657)의 수평파(The Levellers)로 나뉘어졌는데 수평파는 보다 급진적인 정치를 지향했을 뿐만 아니라 종교적인 관용철폐도 요구했다.18)

---

15) 236명에 달하는 왕당파 의원들은 국왕 측과 합류하기 위해 런던을 떠났다. 이들은 긴 가발을 썼으며 국왕의 가톨릭 복귀운동을 지지했다.

16) 경제적으로 활성화된 지역을 장악했던 의회파 의원들(302명)은 머리를 짧게 깍았다.

17) 정직하고, 신앙심이 깊으며, 철저하게 훈련된 철기군은 전투 시 찬송가를 불렀다.

이러한 의회의 분열은 찰스 1세의 스코틀랜드 탈출을 가능하게 했다. 스코틀랜드에서 찰스 1세는 스코틀랜드 군과 조약을 체결했는데 거기서는 영국 내에서 장로교를 확립시키고 의회 군을 해산시킨다는 것이 거론되었다. 아울러 왕의 특권회복도 명시되었다. 상황이 이렇게 전개됨에 따라 크롬웰은 의회의 내분을 조속히 수습한 후 1648년 1월 17일 찰스 군대를 리버풀(Liverpool) 북동쪽에 위치한 프레스톤(Preston)에서 격파했다. 왕과 스코틀랜드 군이 패함에 따라 의회 내에서 독립파가 주도권을 장악하게 되었다. 이후 프라이드(Pride) 대령이 이끄는 군대가 하원을 침입하여 143 명에 달하는 장로파 의원들을 강제로 축출했는데 이것을 지칭하여 프라이드숙청(Pride's Purge)이라 한다.

이후 40여명의 의원들이 잔여의회(Rump Parliament)를 구성했는데 이 의회는 군사지휘관들의 영향 하에 놓이게 되었다. 잔여의회는 왕의 반역죄를 규정하는 법안을 통과시켰고 그것에 따라 찰스 1세는 재판에 회부되었다.19)

---

18) 수평파는 재산소유자 뿐만 아니라 모든 성인남자들에게도 선거권을 부여해야 한다는 주장을 펼쳤다. 수평파에서는 공산주의적 디거즈(Diggers)가 등장하게 되는데 이들 역시 부의 공정한 분배를 요구했다.

19) 잔여의회는 찰스 1세에게 반역죄를 적용시킨다는 법령을 통과시켰다. 이후 찰스는 특별고등재판소(High Court of Justice)에 회부되었고 거기서 사형선고를 받았다. 이에 따라 찰스 1세는 1649년 1월 30일 런던 화이트홀(Whitehall) 궁 앞 광장에서 처형되었고 그의 시신은 윈저 궁에 묻혔다.

3. 결과 및 후속상황

영국의 공화국(Commonwealth)화는 1649년 5월 19일 가시화되었다. 여기서는 '의회의 국민 대표자가 국가를 통치한다.'라는 조항이 명시되었다.[20] 공화정체제가 도입된 이후 평의회 의원 41명이 국가통치의 주도권을 장악했는데 여기서 베인(H.Vane:1613－1662)이 주도적인 역할을 담당했다. 점차적으로 크롬웰과 독립파사이의 관계가 악화되었고 그것은 크롬웰로 하여금 1653년 4월 의회를 해산하게 하는 계기가 되었다. 이후 새로운 의회가 구성되었는데 여기에는 경건한 인물들과 군 장교들이 대거 참여했다. 그러나 156명으로 구성된 이 의회는 제대로 기능을 발휘하지 못하다가 해산되었다. 1653년 12월 16일 크롬웰은 통치헌장(Instrument of Government)을 제정했는데 그 중요한 내용을 살펴보면 다음과 같다.

제 1조: 영국, 스코틀랜드, 그리고 아일랜드로 구성된 공화국 및 그것에 속한 영토에서의 입법상 최고 권한은 호국경(Lord Protector)과 의회(Barebone or Little Parliament)의 의원들이 가진다.

제 2조: 인민에 대한 최고통치권 행사 및 정부 행정권은 호국경에 있으며, 호국경은 국무위원회(Council of State)의 보조를 받는다. 국무위원회 구성원 수는 21명을 초과해서도 안 되고 13명 이하가

---

20) 공화정체제를 도입한 후 크롬웰은 왕실, 교회, 그리고 왕당파의 재산을 몰수하여 재정적인 상황을 개선시키려고 했지만 별 효과를 거두지는 못했다.

되어서도 안 된다.

제 4조: 호국경은 의회의 개원 시에는 의회의 동의를 받아 국가의 평화 및 행복을 위해 육·해군을 설치하고 지휘하지만 의회가 개원되지 않았을 경우 국무위원 다수의 조언과 동의를 얻어야만 한다.

제 5조: 호국경은 앞에서 언급한 조언에 따라, 다른 여러 나라의 국왕 및 국가와 우호관계를 유지시키고 또 그것을 지켜 가는데 필요한 모든 절차에 대해 명령을 내린다. 또한 국무위원의 다수 동의를 얻어, 다른 나라와 전쟁을 하거나 또는 평화조약을 체결하는 권한도 가진다.[21]

이후 크롬웰은 호국경통치를 펼치기 시작했다. 이에 따라 그는 1655년 전국을 11개의 군사지역으로 분류하고, 각 지방에 소장을 1명씩 파견하여 왕당파와 장로파의 반역음모를 분쇄하는 소장제를 실시했다.[22] 아울러 그는 정치적 평등과 민주공화제를 주장했던 릴번의 수평파[23]를 제거한데 이어 경제적 평등 및 공산주의를 지향했던 윈스탄리(G. Winstanly)의 분배파(Diggers)마저 와해시켰다.[24]

---

21) 소집된 의회는 비실제적이며, 제대로 기능도 발휘하지 못했다.

22) 이제 크롬웰은 5만 명의 정예군과 소수의 지지 세력으로 영국을 통치하기 시작했다.

23) 릴번은 자신의 동료였던 오버튼(R.Overton)과 더불어 인민헌장(Agreement of the People)을 작성했다. 인민헌장에서는 의회가 선거권을 자유로운 모든 영국인들에게 부여하여 진정한 국민의 대표로 자리 잡아야 한다는 것이 언급되었다. 아울러 양심의 자유나 권리의 평등처럼 모든 시민들에게 부여하는 기본권을 의회가 침해해서도 안 된다는 것이 명시되었다.

1651년 12월 1일 영국이나 영국식민지에 상품을 운반할 수 있는 선박을 영국이나 상품생산국에 한정한 항해조례가 발표되었다. 이에 따라 2번에 걸쳐 영국과 네덜란드 사이에 전쟁(Anglo—Dutch War)이 발생했는데 거기서 영국은 승리했다.[25]

이 당시 아일랜드의 귀족과 가톨릭신자들은 찰스 1세의 아들 찰스 2세(Charles II:1660—1685)를 왕으로 인정했을 뿐만 아니라 프로테스탄트의 영도자인 오몬드(J.Ormonde:1610—1688)의 지휘를 받아 영국의 공화정 체제를 붕괴시키고자 했다. 이에 크롬웰은 1649년 아일랜드에 대해 전쟁선포를 했고 1649년 9월 11일 드로게다(Drogheda)전투에서 아일랜드 인들을 굴복시켰다. 같은 해 아일랜드는 영국에 합병되는 수모를 겪어야만 했다. 이후 아일랜드 인들의 토지는 몰수되었으며 그것은 영국과 스코틀랜드 계의 프로테스탄트들에게 분배되었다. 이를 지칭하여 '크롬웰의 이주정책' 또는

---

24) 분배파는 프롤레타리아적 성향을 가졌던 집단이라 하겠다.

25) 이 당시 크롬웰은 항해조례의 발표를 통해 상당한 이권을 중산계층에게 부여하려고 했는데 그 이유는 통치과정에서 이들 계층의 지지가 필요했기 때문이다. 항해조례의 보다 구체적인 내용은 다음과 같다.

'1651년 12월 1일부터 영국 및 다른 나라의 식민지, 즉 아시아·아프리카·아메리카에서 성장하고, 생산되고, 그리고 제조되는 물자들을 영국, 혹은 영국이 차지하고 있는 다른 지역이나 식민지에 수입할 경우, 그것을 운송하는 선박의 정식 선주는 반드시 영국인이거나 또는 영국식민지인이어야 한다. 또 선박의 선장 및 선원의 대대수가 영국인이어야 한다. 만일 이러한 조항을 위반하고 수입되는 물자 및 그것을 운송한 선박은 그 선박의 부속 장비들과 함께 몰수 될 것이다. 그리고 몰수된 재산의 반은 국가에 귀속되며, 나머지 반은 압수하여 국가등록재판소에 기소한 사람에게 사용권이 넘겨진다.'

‘크롬웰의 저주’라 했다.

크롬웰의 통치는 1658년까지 지속되었다. 호국경의 지위를 물려받은 크롬웰의 3남, 리처드 크롬웰(R.Cromwell:1658－1659)은 군대나 청교도들의 지지를 받지 못했을 뿐만 아니라 올리버 크롬웰의 독재 및 엄격한 윤리강요에 염증을 느낀 시민들로부터도 외면을 당했다.26)

1660년 스코틀랜드의 지휘관이었던 몽크(G.Monke)는 리처드 크롬웰을 제거한 후 즉시 임시의회(잔여의회의 성격)를 소집했고 거기서 찰스 2세(Charles Ⅱ)의 즉위가 승인되었다.27)

왕정복고가 이루어졌지만 찰스 2세는 더 이상 자의적 재판, 입법권, 그리고 자의적인 과세를 할 수가 없었다.28) 우선 찰스 2세는 크롬웰의 잔재를 제거하기 시작했는데 그것은 크롬웰이 불허했던 오락 및 연극관람을 허용한데서 확인할 수 있다. 이어 찰스 2세는 국교도를 강화시키는 정책도 펼쳤는데 그것은 1661년 도시자치법(Corporation Act)을 발표하여 비국교도의 시정부 참여를 금지시킨 것, 1662년에 공포한 통일령(Act of Uniformity)에 따라 국교기도서를 따르지 않는 청교도 목사 2,000명을 추방시킨 것, 그리고 1664년의

---

26) 크롬웰은 풍기단속법을 마련하여 일요일에는 극장 문을 닫게 하고, 간음·음주·주정·곰과 닭의 투기·도박 등도 금지시켰다.
27) 웨스트민스터 성당에 안장되었던 크롬웰은 부관 참시되었고 그의 머리는 1684년까지 의회 바깥에 전시되었다.
28) 1660년 4월 네덜란드의 브레다(Breda)에서 찰스 2세는 망명선언을 발표했다. 거기서 그는 의회의 결정을 존중하며, 신앙의 자유를 보장하겠다는 것을 강조했다.

집회법(Conventicle Act)에 따라 비국교도의식을 따르는 5명 이상의 집회를 금지시킨 것과 그것을 위반하는 자들을 투옥내지 국외로 추방시킨 것에서 확인할 수 있다.

찰스 2세는 1670년 프랑스와 도버(Dover)협약을 체결했다. 여기서 그는 프랑스의 네덜란드 공격을 지원하기로 했고 루이 14세(Louis XIV)는 그것에 대한 반대급부로 영국에서 가톨릭이 부활하는데 필요한 재정적인 지원을 하기로 약속했다.[29]

1672년 찰스 2세는 가톨릭 신도를 포함한 모든 비국교도들의 신앙을 관용한다는 칙령을 발표했고 그것은 의회의 반발을 유발시키는 계기가 되었다. 의회는 1673년 모든 공직자는 국교도이어야 한다는 심사법(Test Act)을 제정하여 왕에게 대응했다. 아울러 새로이 구성된 의회는 1679년 인신보호법(Habeas Corpus Act)을 제정했는데 거기서는 첫째, 법적 근거 없이 인신을 구속하거나 체포할 수 없다. 둘째, 체포한 사람들을 즉시 재판에 회부시켜야 한다. 셋째, 혐의내용을 분명히 언급해야 한다가 명시되었다. 이에 찰스 2세는 1681년부터 의회를 소집하지 않고 국가를 통치했고 그것은 1683년 휘그(Whig)당의 일부 의원들로 하여금 찰스와 제임스를 암살하고 찰스 2세의 서자인 먼머스(Monmouth)공을 왕으로 옹립하는 '라이하우스 음모사건(Rye House Plot)'을 일으키게 했다.[30]

1685년 6월 찰스 2세의 동생 제임스 2세(James Ⅱ)가 등극했다.

---

29) 프랑스와 네덜란드사이의 전쟁은 1672년에 시작되어 1679년에 종료되었다.
30) 이 당시 왕에게 매수되거나 왕을 지지하는 토리(Tory)당과 왕의 전제정치를 배격하고 프랑스와 가톨릭을 경계하는 휘그(Whig)당이 형성되기 시작했다.

같은 달 영국과 스코틀랜드에서 먼머스의 추종세력들이 반란을 일
으켰다.31) 반란을 진압한 제임스 2세는 1687년 4월 4일 '관용선언
(Declaration of Indulgence)'을 발표하여 가톨릭 부흥정책을 강력히
추진했다. 이에 따라 '심사율'과 '인신보호법'이 철회 내지는 폐지
되었다. 이제 가톨릭교도들은 공직자로서, 즉 추밀원의원이나 군,
교회, 대학에서 활동을 펼치게 되었다. 같은 달 27일 '신앙선택권'
을 국민에게 부여한다는 칙령도 발표되었다.32)

상황이 이렇게 진행됨에 따라 의회의 지도자들은 1688년 11월
15일 메리(Mary)33)와 윌리엄(William of Orange: 네덜란드 총독)34)을
영국의 공동왕으로 선출했는데 그것은 제임스 2세의 아들인 에드
워드(J. F .Edward)의 왕위계승을 사전에 막기 위해서였다.35) 이에

---

31) 당시 대법원장이었던 제프리스(G.Jeffreys: 1644-1689)는 1천명 이상의 용의
   자들을 체포하여 사형 또는 외국추방형을 내렸다.
32) 이에 대해 캔터베리 대주교인 샌크로프트(W.Sancroft)를 위시한 7명의 주교
   들은 국왕의 교회정책을 신랄히 비난했고 그것은 제임스 2세로 하여금 이
   들을 소요죄 및 명예훼손죄로 재판에 회부케 했다.
33) 메리는 제임스 2세와 그의 첫 번째 부인이었 하이드(A.Hyde)사이에서 태어
   났다.
34) 윌리엄의 어머니는 1649년 처형된 찰스 1세의 딸이며, 장인인 제임스 2세
   의 조카이기도 했다.
35) 에드워드는 1688년 6월 10일에 태어났다. 이 당시 제임스 2세는 가톨릭교
   도인 마리아(Maria v. Modena)와 재혼했기 때문에 영국인들은 영국국교회에
   속하지 않는 왕위계승자를 맞게 된 것이다. 이에 의회의 지도자들은 6월 30
   일 대책을 강구했고 거기서 윌리엄에게 다음의 내용을 담은 초청장을 보내
   기로 합의하였다.
   '우리들의 상황은 날로 악화되어 스스로의 입장도 지키기 어렵게 되었습니
   다. 대다수의 국민들은 신앙, 자유, 재산 등에 관한 현 정부의 정책에 대해
   불만을 느끼고 있습니다. 우리들은 전하께서 영국에 상륙하실 때 전하께

따라 제임스 2세는 1688년 12월 22일 프랑스로 망명했고36) 윌리엄 3세(William Ⅲ:1689－1702)와 메리 2세(Mary Ⅱ:1689－1694)는 1689년 2월 13일 공동왕으로 등극했다.37)

1689년 10월 23일 권리장전(Bill of Rights)이 발표되었는데 거기서는 첫째, 영국왕은 반드시 영국국교도(Anglicans)이어야한다. 둘째, 왕은 법의 집행을 정지시키지 못한다. 셋째, 왕은 의회의 동의 없이 과세를 부과할 수 없다. 넷째, 의회 내에서 언론의 자유(freedom of speech)를 보장한다. 다섯째, 국민은 청원권을 가진다. 여섯째, 과도한 벌금형과 잔인하거나 부적절한 형벌을 금지한다. 일곱째, 의회의 회기를 명시한다. 여덟째, 상비군체제를 폐지한다 등이 거론되었다.

권리장전이 공포된 이후 영국에서는 의회중심의 입헌정치가 구현되었다. 그리고 이것은 절대왕정체제의 붕괴를 의미한다 하겠다.38)

청교도혁명과 명예혁명을 겪는 동안 영국에서는 근대적 의미의 정당들도 등장했는데 토리(Tory)당과 휘그(Whig)당이 바로 그것에

　　달려가 전력을 다해 전하를 맞이할 수 있게끔 만반의 준비를 하도록 하겠습니다.'
36) 1689년 1월 의회는 제임스 2세가 예수회와 결탁하여 영국의 기본법을 파괴하고 스스로 영국을 떠났기 때문에 그가 유죄를 범했음을 선언하고 그의 왕위를 무효화시켰다.
37) 망명에 앞서 제임스 2세는 정직시켰던 관리, 목사, 그리고 대학교수들을 복직시키고 의회소집 등을 약속하여 당시의 상황을 극복하고자 했다.
38) 스코틀랜드와 아일랜드에서는 윌리엄과 메리의 왕위계승을 반대하는 소요가 있었는데 그것은 1772년까지 지속되었다.

해당된다 하겠다. 주로 왕당파로 구성된 토리당은 친프랑스정책과 가톨릭계의 왕위계승까지 용납하려고 했다. 이에 반해 혁신적인 휘그당은 진보적 인물의 왕위계승과 반프랑스정책을 지향했다. 이처럼 보수세력과 혁신세력을 대표한 양당은 서로 대립 혹은 경쟁하면서 영국정치를 이끌어 나가기 시작했다.[39]

공동왕이었던 윌리엄 3세와 메리 2세는 의회의 요구를 수렴했고 거기서 관용법(Toleration Act)도 발표되었다. 1689년에 제정된 이 법은 영국국교도이외의 신교도들에게도 신앙의 자유를 보장한다라는 내용을 담고 있었다. 그러나 이들은 여전히 공적활동에서 배제되었지만 일년에 한번 국교회성찬식에 참석할 경우 그러한 차별에서 벗어날 수 있었다. 또한 1694년 3년마다 하원선거를 실시한다라는 것을 법적(Triennial Act)으로 명문화시켰을 뿐만 아니라 다음해 의회의 요구로 사전 검열제도도 폐지시켰다(1695).[40]

1701년에는 왕위계승법(Act of Settlement)이 제정되었고 거기서는 영국왕은 반드시 영국국교도이어야 한다는 것이 명시되었다. 1702년 메리(Mary)의 동생인 앤(Anne: 1702−1714)이 윌리엄 3세에 이어 영국왕으로 등극했다. 그러나 앤여왕을 마지막으로 스튜어트왕조의 단절이 확실시됨에 따라 스코틀랜드가 이전처럼 영국에 적대적 관계로 돌아갈지도 모른다는 우려가 대두되기 시작했다.[41] 이에

---

39) 스코틀랜드의 언어에서 비롯된 '휘그'는 말 도둑을 의미하는 말이었지만 스코틀랜드 장로파를 뜻하기도 했다. 이에 반해 '토리'는 아일랜드어로 불법적 가톨릭교도를 의미했다.
40) 이로 인해 언론의 활성화 및 정치활동의 공개가 폭넓게 확대되었다.
41) 앤 여왕은 무려 18번이나 임신을 했지만 다섯 아이만 살아 태어났고 유일

영국은 스코틀랜드에게 경제적 이권을 보장하고 법과 교회와 통화 제도의 독립을 약속했다. 그리고 영국은 스코틀랜드에게 국가통합을 제의함으로써 양국의 통합은 1707년 이루어졌다.42)

앤 여왕이 1714년 후계자 없이 죽게 됨에 따라 독일계 하노버(Ha-nover) 가의 조지 1세(George I:1714—1727)43)가 영국왕위를 계승했다. 그는 의회의 다수당으로 하여금 내각을 구성하게 하여 국정을 운영하도록 했다.

이 시기 월폴(Sir Robert Walpole)이 내각(1720—1742)을 주도했는데 이 인물은 국가의 주요사안들을 독단적으로 처리하지 말고 왕과 의회의 자문을 구하도록 했다. 그리고 국가부채의 축소, 평화적인 외교정책, 하원선거의 정례화(7년)가 이루어졌다.44)

청교도혁명은 사회·경제적으로 성장한 젠트리(gentry) 계층이 주도한 의회가 절대왕정체제를 타파하고 영국의 전통적인 질서, 즉 입헌적, 종교적 자유를 확립하려는 과정에서 야기된 혁명이라 하겠다. 청교도혁명의 목적은 왕정복고로 일시 보류되었지만 결국 명예혁명을 통해 실현되었다.45) 의회파의 중심세력이었던 젠트리

한 아들은 1700년에 잃었다.
42) 이로써 대브리튼 통일왕국(United Kingdom of Great Britain)이 탄생했다.
43) 휘그당의 도움으로 왕위에 오른 조지 1세는 영어를 해독할 능력을 갖추지 못하였다.
44) 월폴은 지방지주출신으로 유능한 행정가였을 뿐만 아니라 재정관리에서도 탁월한 능력을 발휘했다. 그는 정치가들의 개입으로 인해 야기된 주가조작 사건, 즉 남해거품사건(south sea bubble)으로 수천 명의 투자자들이 파산한 위기적 상황에서 제 1 재무대신(First Lord of the Treasury)으로 등용되었다.
45) 로크는 인민주권을 주장하고 국민의 행복을 위해 부정한 국왕을 축출한 의회의 행동에서 명예혁명의 의의를 찾고자 했다.

와 부르주아지는 근대사회 발전을 주도한 진보적 계층이었기 때문에 청교도혁명은 시민혁명의 범주에 포함시킬 수 있을 것이다. 명예혁명은 청교도혁명의 완성으로서 정치적, 종교적 자유의 확대 및 의회정치의 기초를 확립했다. 아울러 로마교황과의 단절이 재확인되었을 뿐만 아니라 의회의 권한 증대, 도시 상공업자와 지방 젠트리의 세력강화도 현실화되었다.

3장. 아메리카 혁명

1. 발생원인

신대륙에 대한 영국의 본격적인 식민 활동은 17세기부터 시작되었는데 그것은 스튜어트 왕조의 전제정치 및 종교적 탄압을 피하기 위해 청교도를 비롯한 일련의 사람들이 신대륙으로 이주하기 시작한데서 확인할 수 있다. 1732년에 이르러 13개 주로 구성된 영국식민지가 북아메리카의 동해안 일대에 건설되었다. 13개 식민지의 사정은 각기 달랐으나 전체적으로 볼 때 빈부의 격차는 그렇게 큰 편이 아니었고 유럽에서와 같은 사회적 신분차별도 없었다. 뿐만 아니라 경제적 기회는 얼마든지 제공되었고 사회적 유동성(social mobility) 역시 현저했다. 따라서 계급구조는 매우 유연했고 부의 편중으로 인한 대립 및 갈등 역시 매우 적은 편이었다.

영국 정부는 식민지에 총독(governor)을 파견했지만 실제정치는 식민지인들이 담당했다. 본국의 하원과 흡사한 식민지 의회는 당시로서는 가장 민주적으로 구성되었으며 투표자격으로 토지소유라는 제한이 부과되었지만 투표권자는 예상외로 많았다. 매사추세츠 (Massachusetts)에서는 백인성년남자의 80%이상이 투표권을 행사했고, 버지니아(Virginia)는 이보다 약간 낮았다. 식민지의회는 유럽대륙의 어느 의회보다 큰 권한을 가지고 있었으며 1760년까지의 총독과의 권한대립에서 항상 유리한 입장에 놓여 있었다.[1] 따라서 각 식민지는 처음부터 자유를 향유했고 또한 자립에 대해서도 확고한 의지를 가지고 있었다.

이러한 자유 및 가치의 전통 속에서 식민지인들은 상당한 유대감을 가지게 되었다. 그리고 이러한 공동체적 유대감의 성장은 서로 상이한 그리고 때론 대립하기도 한 13개 식민지가 비교적 짧은 기간 내에 상호간의 차이 및 대립을 극복하고 본국정부에 대항하여 결합할 수 있었던 주된 이유 중의 하나라 하겠다.

지금까지 아메리카 식민지에는 본국의 법률이 그대로 적용되었을 뿐만 아니라 중상주의 정책도 펼쳐졌다. 즉 영국에서의 종교나 신앙에 관한 규정은 원칙적으로 식민지에 그대로 적용되었고 식민지교역은 본국의 이해관계에 따라 제한되곤 하였다. 그리고 본국 산업과의 경쟁상대가 되는 식민지산업은 원칙적으로 금지되었다. 그러나 식민지에 대한 본국 정부의 태도는 '건전한 방임(salutary neglect)'이었기 때문에 중상주의적인 통제나 종교 등에 대한 본국의 법률적용은 엄격하게 실시되지는 않았다. 그렇기 때문에 영국

---

1) 이 당시 식민지의회의 의결사항에 대한 총독의 거부권은 5%정도였다.

의 경제정책이나 정치적 태도가 식민지인들에게 불만적인 요소는 되었지만 그것이 본국에 대해 정면으로 도전할 정도의 것은 아니었다. 그러나 7년전쟁(1756-1763)[2] 이후 영국은 그 동안 견지했던 건전한 방임정책을 포기했는데 그러한 정책을 주도한 인물은 조지 3세(George Ⅲ:1760-1820)였다. 이 인물은 그의 부친, 조지 2세(George Ⅱ: 1727-1760) 와는 달리 정치활동에 능동적으로 참여하고자 했다. 여기서 그는 북아메리카 지역에 대한 방위비를 식민지인들에게 전가시켰다. 아울러 그는 중상주의 정책, 특히 1651년에 제정된 항해조례를 식민지에 엄격히 적용하여 동부 상인들에게 큰 타격을 가져다주었다.

이 당시 식민지에는 유럽대륙과는 달리 근대 사회를 건설하는데 장애요소로 종종 작용했던 구제도, 즉 절대왕정체제가 없었다. 따라서 식민지인들은 자유주의를 수용하는데 아무런 문제도 없었다.

---

2) 7년전쟁이 진행되는 동안 영국과 프랑스간의 식민지 전쟁도 병행되었다. 프랑스는 지중해의 중요기지였던 미노르카(Minorca)를 점령했다. 아울러 몽칼름(Montcalm)의 프랑스군은 북아메리카에서 영국군을 계속 괴롭혔다. 그러나 이러한 상황은 피트(W.Pitt)가 새로운 내각을 구성한 이후 더 이상 지속되지는 않았다. 피트는 프러시아에게 자금을 지원했을 뿐만 아니라 프랑스 해군도 격파하여 군대 및 군수물자의 원활한 공급을 차단시켰다. 아울러 그는 정예화된 영국군을 식민지에 파견하여 프랑스군을 공격했다. 이러한 정책을 펼치기 시작한 이후부터 영국은 아메리카, 캐나다, 그리고 인도에서 계속 승리했다. 클리브(R.Clive)가 인도에서 승리한 이후 영국은 프랑스와의 식민지전쟁에서 결정적인 우위를 차지하게 되었다.

2. 전개과정

그렌빌(Grenville) 내각은 새로이 획득한 영토 중 앨러게니(Alleghenies)산맥 서쪽지역에 대한 식민지인들의 이주를 금지시켰다. 그러한 것은 이곳의 인디안 들로부터 식민지인 들을 보호하려는 정책에서 기인된 것으로 볼 수 있으나 새로이 획득한 지역으로의 진출을 모색하던 식민지인들에게 있어서는 매우 불만스러운 조치였다. 1764년 4월 5일 그렌빌 내각은 세입증대를 위해 기존의 당밀법(Molasses Act)대신에 설탕세법(Sugar Act)을 도입했는데 거기서는 설탕, 포도주, 커피, 인도산 면직물, 그리고 견직물수입에 대해 관세를 부과한다는 것이 명시되었다.[3] 다음해인 1765년 3월 22일 영국 정부는 인지세법(Stamp Act)도 시행했는데 그것은 팜플렛, 신문, 증권, 은행권, 광고, 그리고 법률적 문서들에 인지첨부를 요구했다.[4] 영국 정부의 이러한 조치는 식민지인들로 하여금 1765년 10월 뉴욕(New York)에서 인지법회의(Stamp Act Congress)를 개최하게 했다.[5] 인지법회의에 참석한 인물들은 본국 의회에 대표를 보낸 적이 없기 때문에 새로운 과세를 인간의 자연권에 포함되는 재산권침해로 간주했다. 따라서 여기서는 버지니아(Virginia)의회가 채

---

3) 종전의 관세는 무역을 규제하기 위한 것이었지만 이번의 경우에는 세입증대의 목적을 가지고 있었다. 그리고 프랑스산 포도주에 대해서는 관세가 부과되지 않았다.
4) 1765년 8월 보스턴에서 인지세법에 반대하는 폭동이 발생했다. 이후 인지를 파는 사무소들이 파괴되었고 사무소회계담당인 들의 집도 습격당했다.
5) 인지법회의는 대륙회의의 모체역할을 담당했다.

택했던 '대표 없는 곳에 과세할 수 없다(no taxation without representation)<오티스(J. Otis)>'라는 헌정적 원칙이 재확인되었다.6)
이러한 관점에 대해 영국 정부는 정반대의 입장을 내세웠다. 즉 영국 정부는 식민지인들이 본국 의회에 자신들의 대표를 파견하지 않았지만 실제로 보낸 것과 같이 의사가 대변되고 있다는 '사실상의 대표(virtual representation)논리'를 제시했던 것이다. 이러한 대립은 의회를 보는 식민지인들과 영국 정부의 시각이 근본적으로 다른데서 비롯된 것 같다. 식민지인들에게 있어서 의회 의원은 그를 선출해 준 지역구 유권자들만을 대변하는 것이었다. 이에 반해 영국 정부는 지역구를 초월하여 전국을 대변하는 것이 바로 의원이라는 관점을 가졌던 것이다.

이후 식민지 여러 곳에서 영국 생산품에 대한 불매운동이 전개되었다. 사태의 심각성을 파악한 영국 정부는 인지세법을 폐지했다. 그러나 영국의회는 본국이 식민지를 통제할 수 있다라는 입장을 밝혔고 그것을 1763년 3월 18일에 제정한 선언법(Declaratory Act)에서 구체화시켰다.7)

1767년 6월 영국의회는 식민지방위를 위해 식민지에 주둔하던 영국군의 주둔비용을 마련하기 위해 타운센트(Townshend)법을 제정했다.8) 여기서는 유리, 차, 종이, 페인트 그리고 아연 등의 수입에

---

6) 오티스는 보스턴에서 활동하던 법률가였다.
7) 선언법에서는 식민지인들의 지위를 다음과 같이 명문화시켰다.
  "식민지인들은 영국 왕과 의회에 예속·의존하는 신민이므로 영국에서 제정된 법령에 절대적으로 복종해야 한다."
8) 타운센트는 로킹엄(Charles Watson-Wentforth Rockingham)내각의 재무장관이

관세를 부과한다는 것이 언급되었다. 그러나 노스(North) 내각(1770
−1782)은 식민지인들의 강렬한 반발로 차에 대한 세금만 형식적
으로 남기고 나머지는 법안에서 삭제했다.9) 이렇게 개정된 타운센
트법이 영국 의회에서 통과됨에 따라 1770년 보스턴(Boston)에서
소요가 발생했고 영국 정부는 무력으로 그러한 상황을 진압하고자
했다.10)

영국의 동인도회사는 1773년부터 아메리카의 대리점을 통해 차
취급업자들에게 차를 판매할 수 있는 독점권을 가지게 되었다.11)
그러나 식민지인 들은 본국 정부의 이러한 조처에 대해 동의하지
않았다.12) 1773년 12월 16일 밤 얼굴에 검정 칠을 하는 등 모호크
(Mohawk)족 인디언으로 꾸민 150명의 보스턴 시민들이 애덤스
(S.Adams)와 핸콕(J.Hancock)의 주도로 동인도회사의 화물선에 올라
영국 해군 및 군중들이 지켜보는 가운데 차 상자 하나 하나를 도
끼로 부수어 바다 속으로 던졌다.13) 이후 영국은 식민지인들의 경

였다.
9) 1파운드당 3페니의 차세를 부과했다.
10) 이 소요에서 5명의 희생자가 발생했음에도 불구하고 '보스턴 학살사건
    (Boston Massacre)'이라는 명칭이 부여되었다.
11) 이 당시 동양무역을 전담하던 동인도회사는 파산직전에 놓여있었다. 만일
    이 회사가 파산할 경우 주주들은 물론 영국은행, 나아가 영국정부도 막대
    한 손해를 감수해야만 했다. 따라서 영국정부는 동인도회사의 재고차를 시
    기민지에 독점적으로 판매할 수 있도록 허가했다.
12) 동인도회사의 차가 시기미지에 대량으로 유입되자 식민지인들은 불매운동
    으로 대응했다. 일부 급진파 인물들은 차의 판매경로를 추적하여 그것을
    산 사람들을 협박하기도 했다.
13) 애덤스와 핸콕은 '자유의 아들(Sons of Liberty)'이라는 단체의 일원이었다.

제 활동 및 정치적 자치권을 제한시키려고 했다. 특히 매사추세츠 지역에 대한 조치는 다른 지역의 그것 보다 훨씬 강도가 심했는데 그것은 1774년에 공포한 불관용법(Intolerable Act)에서 확인할 수 있다.[14)

①손해보상이 완료될 때까지 보스턴 항구를 폐쇄한다.

②매사추세츠에서 법률을 위반한 자는 다른 식민지 지역이나 영국으로 압송하여 재판을 받도록 한다.[15)

③영국 왕은 매사추세츠 식민의회의 상원의원들을 임명한다.

④평화시에도 필요한 경우 군대의 민박을 허용한다.

1773년부터 거의 모든 식민지에 식민지인들의 의견발표 및 정보 교환을 위한 통신위원회가 설립되었는데 이 위원회는 점차적으로 강력한 혁명조직의 기반이 되었다. 이후 식민지인 들은 버지니아 주의 제안의 따라 1774년 9월 5일 필라델피아에서 제 1차 대륙 회의(Continental Congress)를 개최했는데 거기에는 56명의 대표자들이 참여했다. 10월 5일까지 활동을 펼친 제 1차 대륙회의에서는 ①식민지에 대한 본국의회의 입법권을 거부한다. ②본국과의 통상을 단절한다. ③1763년 이후 제정된 일련의 조세법을 인정하지 않는다. ④평화 시 영국군의 주둔을 불허한다 등이 언급되었다.

이러한 식민지인들의 움직임에 대한 영국 정치가들의 반응은 상

---

14) 이후부터 아메리카인 들은 차보다 커피를 선호하는 습관을 가지게 되었다.
15) 이러한 조처는 범법자들에게 보다 가혹한 처벌을 내리기 위해서였다.

이했다. 피트(W. Pitt:상원의원)와 버크(E. Burke:하원의원)는 협상을
통해 식민지문제를 해결해야 한다는 견해를 제시했지만 조지 3세
는 무력이라는 방법을 사용하려고 했다. 1775년 4월 19일 보스턴
근처의 렉싱턴(Lexington)과 콩코드(Concord)에서 영국군과 매사추세
츠 식민지 민병대(농민으로 구성되었다) 사이에 최초의 접전이 펼
쳐졌다. 이에 따라 1775년 5월 10일 제 2차 대륙회의가 개최되었
고 거기서는 본국과의 전쟁이 불가피하다는 것이 거론되었다. 아
울러 전쟁경비를 조달하기 위한 방안도 마련했는데 그것은 화폐를
발행하는 것이었다. 아울러 6월 15일 워싱턴(G. Washington)을 연합
식민군 총사령관으로 임명하여 민병대(miniutemen)를 정규군으로
전환시키는 조치를 취했다.16)

   1776년 1월 페인(T.Paine)의 '상식(commonsence)'이 출간되어 큰 관
심을 불러 일으켰다.17) 페인은 자신의 책에서 지금까지 살았던 모
든 군주들을 전부 합쳐도 한 명의 정직한 사람만도 못하다는 주장
을 펼쳤는데 그것은 절대왕정체제의 문제점과 자유주의의 장점을
부각시키기 위해서였다. 이어 페인은 자신의 저서에서 인간의 본
성이 완전할 수 없으며, 인간들로 하여금 모든 책략을 구사하도록
방치할 경우 자신의 자유를 가지고 타인의 자유를 해치는 경우가
많다는 점을 지적했다. 그렇다고 해서 그것의 제어방법으로 활용

---

16) 워싱턴은 버지니아의 대농장주였다.
17) 식민지에 도착한 지 얼마 안 된 토머스 페인은 다른 이민자들과 마찬가지
    로 신대륙을 기회의 나라로 간주했다. 즉 그는 모든 사람들이 세습적 특권
    및 기득이득의 굴레로부터 벗어날 수 있다는 확신을 가지고 있었던 것이다.

되는 강제 역시 그것이 개인 및 공식적인 전제자에 의해 행사되든 자유를 파괴하는 성질을 가진다는 것이다. 여기서 페인은 정부에 대해서도 언급했는데 그에 따를 경우 정부는 자유민의 인권 및 재산보호에 필요할 뿐만 아니라 개인적 차원에서 처리할 수 없는 대규모 공공사업의 시행에도 필요하다는 것이다. 그러나 그는 정부 행위가 매우 좁은 부분에 국한되어야 한다는 관점을 피력했다. 일반적으로 경제적 가치를 포함한 인간생활의 절대적 가치들은 자발적인 사회적 행위의 결과로 생기는 것이다. 정부의 일차적 역할은 그 자신의 고유한 가치를 창조하는 것이 아니라, 사회가 창조한 가치들을 파괴적인 인간들이 해치지 못하도록 하는데 있는 것이다. 페인의 사상을 요약하면 정부는 필요한 것이지만 그것은 필요악이라는 것이다. 그러한 악을 최소한으로 축소시킨다는 것, 그것은 페인의 사고방식에 의하면, 바로 상식의 초보적인 명령에 속하는 요구였던 것이다. 아울러 그는 자신의 저서에서 영국과의 전통적 유대관계가 아메리카 식민지의 번영과 복지에 필요하다는 견해를 일축했다.[18]

---

18) 토머스 페인의 상식론은 47쪽 밖에 안 되는 소책자였지만 인구 300만의 아메리카에서 30만부나 팔릴 정도로 주목을 받았다. 페인은 자신의 저서에서 식민지와 영국과의 관계에 대해 많은 지면을 할애했는데 여기서 그 일 부분을 언급하도록 하겠다.
'본인이 말하고 있는 것은 지극히 간단하고 당연한 이야기, 즉 상식에 불과하다.(…)아메리카는 지금까지 영국과 결합해서 번영해 왔으니 앞으로의 행복을 위해서라도 그러한 결합은 유지시킬 필요가 있으며, 그러한 결합은 똑같은 결과를 가져다 줄 것이라는 주장을 들은 적도 있다. 이런 종류의 주장만큼 어리석은 것은 없을 것이다. 만일 그러한 주장이 맞는다면, 어린 아

1776년 6월 7일 버지니아 식민지의 대표였던 리(R.H.Lee)는 독립선언의 필요성을 강조했다. 이에 따라 6월 10일 독립선언서를 준비할 5인 위원회가 구성되었고, 위원회는 제퍼슨(T. Jefferson)에게 선언서작성을 위임시켰다. 6월 28일 5인 위원회는 제퍼슨의 초안을 심의한 후 그것의 수용을 결정했다. 이후 개최된 제 3차 대륙회의에서 제퍼슨의 '독립선언서(Declaration of Independence)'가 채택되었는데 그것은 식민지인들의 굳은 결의와 독립해야 할 이유를 대내외에 천명한 것으로 볼 수 있을 것이다. 특히 독립선언서에서는 불가양의 자연권, 주권재민설, 그리고 혁명권이 명시되었다. 제퍼슨은 모든 사람이 남에게 양도할 수 없는 생명, 자유, 그리고 행복추구권과 같은 일정한 권리를 창조주로부터 부여받았음을 강조했고 그것을 불가양의 자연권으로 이해하고자 했다. 그리고 그는 모든 정부가 피지배자의 동의를 받은 후 정당한 권리를 행사할 수 있음을 강조하면서 그것이 바로 주권재민설이라 했다. 아울러 그는 압제를 일삼는 정부는 전복되어야 하며 필요하다면 무력으로

이가 우유를 먹고 잘 자랐으니까 결코 고기를 먹여서는 안 된다는거나, 인생의 처음 20년간이 향후 20년간의 본보기가 된다는 주장도 성립될 것이다.(…)그리고 영국이 아메리카인 들의 조국이 아닌가라는 견해를 제시하는 사람들도 있다. 그렇다면 영국의 행동은 한층 더 부끄러운 것이다. 아무리 짐승이라도 자신의 자식을 잡아먹지는 않는다. 야만족조차 같은 종족끼리는 싸우지 않는다. 그런데 영국과 결합함으로써 당하는 손해 및 불이익은 셀 수 없을 정도로 많다. 그리고 우리 자산에 대해서는 물론, 인류 전체에 대한 우리의 의무를 수행하려면 반드시 이 제휴를 중지시켜야 할 것이다. 전능한 신이 아메리카를 영국으로부터 그렇게 멀리 떨어뜨려 놓은 것을 보아도, 아메리카에 대한 영국의 지배는 결코 하나님의 뜻이 아니라는 것을 입증시켜 주고 있다.'

민중정부도 수립할 수 있다는 것을 혁명권으로 이해했다.[19)]

독립전쟁이 전개됨에 따라 식민지인 들은 독립을 원하는 애국파(patriots)와 영국을 지지하는 충성파(loyalists)로 나누어졌지만 식민지인들의 다수는 애국파를 지지했다. 영국의 본격적인 개입도 가시화되었다. 1776년 3월 약 30,000 명에 달하는 영국군이 식민지에 도착했다. 이들은 모든 면에서 식민지 군을 압도했기 때문에 뉴욕과 필라델피아(Philadelphia)에서 식민지 군을 격파했다.[20)] 그러나 다음해 10월 17일 새러토가(Saratoga)에서 식민지 군은 버고인(J.Burgoyne)

---

19) 이 부분은 독립선언서에서 다음과 같이 언급되었다.

"우리들은 다음의 것들을 자명한 진리라 생각한다. 즉 모든 사람은 평등하게 태어났으며, 조물주는 몇 개의 양도할 수 없는 권리를 부여했으며, 그 권리 중에는 생명과 자유와 행복의 추구가 있다. 이러한 권리들을 확보하기 위해 사람들은 정부를 조직했으며, 이 정부의 정당한 권력은 인민의 동의로부터 유래하고 있는 것이다. 또 어떠한 형태의 정부이든 이러한 목적을 파괴할 경우 언제든지 정부를 변혁 내지는 와해시켜 인민의 안전과 행복을 가장 효율화시킬 수 있는, 그러한 원칙에 기초를 두고 그러한 형태의 기구를 갖춘 새로운 정부를 조직하는 것이 바로 인민의 권리인 것이다. 진실로 인간의 우려는 오랜 역사를 가진 정부를 즉흥적이고, 일시적인 원인으로 변경해서는 안 된다는 것, 인간에게는 이미 관습화된 형식을 폐지하면서 악폐를 시정하기 보다는 오히려 그 악폐를 참을 수 있는데 까지 참는 경향이 있다는 것을 가르쳐 줄 것이다. 그러나 장기간에 걸친 학대 및 착취가 지속적으로 동일한 목적을 추구하고 인민을 절대 전제정치에 예속시키려는 계획을 분명히 가질 경우, 이러한 정부를 타도하고 미래의 안전을 위해 새로운 보호자를 선발하는 것이 그들의 권리이며 또한 의무인 것이다."

20) 이 당시 워싱턴이 지휘하던 대륙군은 어려운 상황에 놓여있었다. 식민지의 대륙군은 수개월간만 동원이 가능했으며 민병대는 자기 고장에서 임시로 며칠이나 몇 주간 전투에 참여했다가 농번기가 도래하면 고향으로 돌아가는 경우가 많았다. 훈련과 장비는 부족했고 도망이나 탈출이 빈번했으며 폭동의 위험 역시 적지 않았다. 더욱이 왕당파들이 영국군에 가담함으로써 식민지인들은 국내외의 적을 동시에 상대해야 하는 어려운 입장에 있었다.

장군의 영국군을 물리칠 수 있었다.21)

이 당시 유럽의 대다수 국가들, 프랑스, 스페인, 네덜란드, 프러시아, 그리고 러시아는 식민지인들에 대해 호의적인 반응을 보였는데 그 이유는 이들 국가가 영국에 대해 부정적인 시각을 가졌기 때문이다.22) 프랑스 라파예트(Lafayette)의 지원을 받은 연합식민지 총사령관 워싱턴은 1781년 10월 19일 버지니아 해안의 요크타운 (Yorktown)에서 영국의 주력부대를 격파했고 그것은 식민지군이 우위를 차지하는 계기가 되었다.23) 1783년 9월 3일 파리에서 평화조약이 체결되었고 거기서 식민지인들의 독립이 인정되었다.24)

3. 결과 및 의의

아메리카 식민지인들의 독립은 군주제에 대한 공화제의 승리라 하겠다. 영국 국왕의 통치하에 있었던 13개의 식민지들은 이제 13개의 공화국으로 변형되었다. 비록 이들 국가들이 그들의 공동관심사를 논의하기 위해 느슨한 연합체(Confederation)를 구성했지만,

---

21) 식민지군들이 이 전투에서 사용한 무기의 대부분은 프랑스로부터 지원받은 것들이었다.
22) 1778년 6월 프랑스는 영국에 대해 선전포고를 했고, 다음 해인 1779년에는 스페인과 네덜란드도 전쟁에 개입했다.
23) 이 전투에서 콘윌리스(C.Cornwallis) 휘하의 영국군 7천명이 항복했다.
24) 파리조약에서 프랑스는 동인도의 몇몇 무역지점과 서인도의 토바고 (Tobago), 세인트 루시아(St.Lucia), 아프리카의 세네갈(Senegal)과 고레(Goree) 등을 차지했다.

근본적으로는 독립된 국가들이었다. 느슨한 연합체는 1778년의 연방규약(Articles of Confe-deration)에서 비롯되었다. 여기서는 연합체에 가입한 국가들의 과세·통상권·화폐발행권 등 독립적 권한 및 의회에서의 동등한 가결권을 보장했다. 그리고 중요한 안건이 통과되기 위해서는 가입국가의 ⅔, 즉 9개 국가 이상의 동의가 필요했으며 규약수정에는 전원일치의 찬성이 요구되었다. 의회는 선전포고와 강화조약의 체결, 군대 보유, 인디언 문제 등에 관한 권한을 가지지만 이러한 권한을 수행하기 위해서는 가입 국가들의 재정적 지원이 필요했다.

18세기말의 서양사회에서 공화제는 낯선 것이었다. 따라서 그러한 정치체제를 계속 유지시킬 수 있는지는 의문의 대상이었다. 실제로 공화국들은 대내외적으로 어려운 상황에 직면하게 되었다. 영국으로부터의 독립은 기존의 경제구조를 상당히 마비시켰고 그것은 시장의 혼란 및 축소를 가져왔다. 그리고 독립전쟁 때 발행된 지폐와 채권은 물가상승의 요인이 되었다. 따라서 각 공화국은 계급투쟁의 성격을 띤 사회적 갈등을 경험했고 그것은 채권자들이 유리한 금화로 채무를 변상 받으려고 한 반면 채무자들은 그것에 응하지 않은 것에서 확인할 수 있다. 여기에 덧붙여 신생 공화국들은 외국과의 교역에서도 불이익을 당하고 있었다. 아메리카인들은 영국의 중상주의 체제하에서 누렸던 특혜 및 보호막을 상실했기 때문에 세계 시장에서 다른 경쟁국들과 직접적으로 상대하지 않으면 안 되었다. 그리고 해상에서 영국 해군의 보호를 잃었기 때문에 다른 나라의 선박과 해적들에게 시달리게 되었다. 게다가 영국군은 오대호 남쪽 지방에 계속 주둔하여 신생국들을 위협하고 있었고, 남쪽에서는 스페인 군대가 아메리카인 들의 미시시피 강 통행을 방해하고 있었다.

이러한 불리한 상황에서 아메리카인 들은 강력하고 통일된 국민 국가의 필요성을 절실히 느끼기 시작했다. 즉 이들은 각 공화국의 경제적, 사회적 안정과 발전을 위해서는 그들을 지켜줄 보다 더 크고 강력한 국가가 필요하다는 것을 인지했던 것이다. 이에 따라 새로운 국민정신이 새롭게 부각되었고 그것에 따라 각 공화국의 보수적 지도층은 통일 정부의 수립가능성을 조심스럽게 언급하기 시작했다.

마침내 1787년 5월 필라델피아에서 제헌의회(Constitutional Convention)가 개최되었다. 이 회의는 버지나아의 제임스 메디슨(J. Madison)과 뉴욕의 알렉산더 해밀턴(A. Hamilton)을 중심으로 한 연방주의자(Federalists)들이 주도했다. 이들은 각 국의 복잡한 이해관계를 조정하여 아메리카 합중국(The United States of America)을 수립하기로 결정하고 그 성격을 규정할 연방헌법의 초안을 마련했다. 이제 새로운 헌법초안에 따라 13개의 공화국은 13개의 주(state)로 바뀌게 되었다.

연방헌법은 연방주의론과 주권론이 적절히 반영된 타협의 소산이었다.25) 입법 · 사법 · 행정의 3권분립으로 권력의 견제와 균형이

---

25) 연방헌법의 전문의 내용은 다음과 같다.
　　'우리합중국의 신민은 더욱 완벽한 연방체제를 수립하고, 정의를 구현하

이루어졌는데 그것은 의회가 법률제정, 대통령이 그 시행과 적용, 법정이 그 해석을 담당한 것에서 확인할 수 있다. 화폐주조권·관세징수권·외교권을 제외한 여타의 권한들은 지방정부로 이양되었다. 간선제로 선출된 대통령은 행정수반으로 군 최고 지휘권을 가지게 되었다. 그리고 간선제는 상원의원 선출에도 적용되었다.[26]

헌법인준과정에서 많은 논쟁이 유발되었다. 여기서 주권론자들은 연방주의자들에 의해 열세에 몰리는 경우가 허다했다. 연방주의자들은 개인의 자유에 대한 성문규정을 헌법초안에 삽입함으로써 규약수정에 필요한 9개 주의 인준을 받는데 성공했으며, 새로운 헌법은 1788년 7월 2일에 선포되었다. 3년 후에는 최초의 수정헌법(Amendment) 10개조가 추가되어 신앙·언론·출판의 자유 및 자의적 정부에 반대할 수 있는 법적 보장이 체계화되었다.

새 헌법에 따라 1789년 초에 총선거가 실시되어 연방의회(Congress)가 구성되었다. 각 주에서 선출된 선거인들이 뉴욕에 모여 워싱턴을 대통령으로 선출했다. 워싱턴은 자신의 임기 중 미국정부는 고율의 관세적용, 연방은행 설립, 공채의 액면가 지불, 그리고 영국과의 통상조약체결 등의 정책을 펼쳤다.

아메리카 혁명은 대의제의 장점을 확인시켰을 뿐만 아니라 민권신장에도 크게 기여했다. 따라서 이 혁명은 어느 혁명보다도 주권

고, 국내의 안녕을 보장하고, 공동의 방위를 갖추고, 국민의 복지를 증진하고, 우리와 우리의 후손들이 자유의 혜택을 확실히 누릴 수 있게끔 이 헌법을 제정한다.'
26) 하원의원들은 직접 선출되었다.

재민설과 민족자결원칙을 분명히 하여 역사상 최초의 민주주의적인 공화정 체제를 정착시켰다. 그리고 미국에서 시도된 새로운 공화정 체제는 선출제 대통령, 성문헌법, 세습적 귀족제 부정, 교회와 국가의 분리, 권력의 견제와 균형이 가능한 3권분립, 연방공화제, 입법부의 선거 등을 지향했다.[27]

---

27) 독일의 역사가 랑케(L.v.Ranke)는 아메리카혁명의 의의를 다음과 같이 언급했다.
   "아메리카혁명은 영국의 군주제와 아메리카식민지의 민권사상 사이에서 비롯되었으며 세계사에서 가장 의미 있는 사건중의 하나로 간주할 수 있을 것이다."

4장. 프랑스 대혁명

1. 발생원인

일반적으로 혁명의 발생원인은 근본적원인과 직접적 원인으로 나눌 수 있는데 프랑스 혁명에서도 그러한 것을 확인할 수 있다. 프랑스 혁명의 근본적 원인으로는 구제도(Ancien Régime)의 모순 및 거기서 비롯된 문제점들을 들 수 있고, 직접적 원인으로는 재정적 위기를 제시할 수 있다.

프랑스혁명의 근본적 원인은 계층 간의 인구구성비율, 계몽사상의 확산, 그리고 인구의 급속한 증가 및 경제적 침체로 보다 세분화시킬 수 있을 것이다. 우선 계층 간의 인구구성비율을 살펴보도록 한다. 이 당시 제 1 계층은 130,000명 정도였고 이들이 전체 인구에서 차지하는 비율은 0.5%에 불과했다. 이들은 고위성직자(주교, 수도원장:143명+800명), 하위성직자(0.46%: 주임신부/보좌신부(vicaire: 60,000명), 조수사/평수사(25,000명), 그리고 수녀(35,000명)로 구성되었다1). 제 2 계층, 즉 귀족 계층은 350,000명 정도였고 이들 계층은 궁정귀족2)(4,000명)과 지방귀족(이들 중의 일부는 빈곤화)3)으로 구분할 수 있다. 그리고 사회구성원의 절대 다수를 차지했던 제 3계층은 시민계층(16%)과 농민계층(82%)으로 분리되었다.

이 당시 제 1계층과 제 2계층은 많은 특권을 향유했는데 그것을 살펴보면 다음과 같다. 우선 제 1계층은 병역 및 조세의 의무가 없었다. 다만 이들은 자발적으로 조세부담을 했는데 그것은 이들 계층에게 그리 큰 부담이 되지는 않았다. 아울러 이들은 신자들에게 십일세를 부과할 수 있었을 뿐만 아니라 성직자에 대한 재판권도 가지고 있었다. 제 2계층 역시 대다수의 조세의무로부터 면제되었다. 뿐만 아니라 이들은 적지 않은 봉건적 권한도 가지고 있었는데 부역권과 수렵권이 그것에 해당된다 하겠다. 이에 반해 제 3계층4)은 아무런 권한 없이, 과중한 세금만을 부담했다. 이 당시

---

1) 고위성직자는 귀족에서, 하위성직자는 평민에서 충원되었다.
2) 시민계층 출신의 궁정귀족은 왕이 임명했다.
3) 이들 계층이 전체 인구에서 차지하는 비율은 1.5%였고 이러한 비율은 폴란드(4%)나 헝가리(8%)에 비해 훨씬 낮은 수치였다.
4) 이들 계층은 시민 계층과 농민 계층으로 구성되었다. 그리고 시민계층과 농민계층은 다시 세분화되었는데 그것을 살펴보면 다음과 같다.
   −시민 계층
   ①대시민 계층; 대상인, 공장주, 은행가
   ②중시민 계층; 수공업자, 상인, 변호사, 의사, 관료
   ③소시민 계층; 소수공업자, 도제, 임금노동자, 머슴(하녀)
   −농민계층
   ①부유한 농민 계층(자영농:labourear/대차지농:grand fermier)
   ②가난한 농민 계층(영세농:paysan parcellaire/소작농:petit fermier/절반소작농: métayer)

이들에게 부과된 직접세5)와 간접세로서는 다음의 것들이 있다.

직접세로는 타이유(taille: 일반적 왕세로 귀족과 성직자 계층은 면제), 카피타시용(Capitation: 주민세로 성직자 계층은 면제), 그리고 뱅티엠(Vingtième: 1/20세로 성직자 계층은 면제) 등이 있었다. 그리고 간접세로는 팜므 제네랄(fermes gènèrales: 물품세 내지는 소비세), 트레트(traites: 소비 관세, 국내관세 및 국외관세), 에드(aides: 음료수세), 동 그라튀(don gratuit: 성직자 계층이 자발적으로 납부), 그리고 가벨(gabelle: 염세로 7세 이상의 프랑스인들에게 정부비축의 소금구매6)를 강요)을 들 수 있다.7) 뿐만 아니라 이들 계층, 특

---

③일용노동자(journalier), 농업노동자(manouvier ou brassier)

5) 제 3 계층이 부담하던 직접세(livres tournois)   (단위:%)

프랑스	영국
1724 — 4.5	1725 — 3.2
1740 — 4.7	1728 — 5.3
1758 — 5.3	1759 — 6.3
1768 — 6.9	1775 — 6.3
1773 — 7.3	1788 — 6.7
1789 — 7.2	

P.C.Hartmann, "die Steuersysteme in Frankreich und England am Vorabend der Französischen Revolution. Ein Strukturvergleich", in: E. Hinrichs(Hrsg.), *vom Ancien Régime zur Französischen Revolution* (Göttingen, 1978), pp. 43−48.

6) 각 개인은 매년 정부로부터 7파운드 이상의 소금을 구매해야만 했는데 그 구매가격은 일반 판매가격보다 10배 이상 비쌌다. 염세로 인해 매년 3만 명 이상이 투옥되었고 5백 명 이상이 처형되었다.

7) 테에느(H.Taine:1828-1893)는 자신의 저서인 '현대프랑스의 기원(1875)'에서 당시 농민계층의 비참한 상황과 거기서 비롯되는 농민들의 심성도 언급했다. 그에 따를 경우 농민들이 아무리 열심히 일을 해도 연말이 되면 그들 수중에 남는 것이 아무것도 없다는 것이다. 그리고 농민들이 생산을 증대할수록 그들에게 부과되는 세금은 더욱더 늘어난다는 것이다. 따라서 농민

히 농민계층은 군사적인 의무도 수행해야만 했다.

18세기 후반에 접어들면서 이러한 제도적 모순을 지적하는 계몽사상이 저변으로 확산되었다. 이 당시 루소와 디드로는 완전한 평등 및 민주주의를 지향한 반면, 마브리(Abbe de Mably:1792)는 이보다 다소 온건한 의회 대표제를 표방했다. 그리고 이들의 이론은 활자화되었고 그러한 것은 프랑스인들 에게 적지 않은 영향을 가져다주었다. 아울러 일반서적의 보급도 확산되었는데 그것은 프랑스 혁명직전 50만 명에 달하는 프랑스인 들이 일년에 1−2권의 책을 읽었다는 것을 통해 확인할 수 있다.[8] 기존질서체제의 구조적 모순과 그것의 시정을 촉구하는 계몽사상의 확대와 더불어 급속히 늘어나는 인구 및 경제적 침체현상은 프랑스혁명발발의 직접적 요인으로 작용했다.

인구의 급속한 증가 요인으로는 첫째, 유아 사망률이 이전 보다 현저히 낮아졌다는 것.[9] 둘째, 프랑스 국민이 섭취한 음식의 질이 이전보다 크게 향상되었다는 것. 셋째, 결혼 제한이 철폐되었다는 것. 넷째, 자연적 재해가 크게 감소되었다는 것을 들 수 있다.[10]

경제적인 침체요인으로는 영국과의 식민지 경쟁에서 패한 것과 거기서 비롯된 경제적 상황을 들 수 있을 것이다. 아울러 국가의

들은 그들에게 부과된 세금을 약탈로 간주하게 되었고 더 이상 그것을 감내할 수 없다는 상황에 이르렀다는 생각도 가지게 되었다는 것이다. 실제적으로 이 당시 농민들은 자신들 수입의 81%를 세금으로 빼앗겼다.

8) 이 당시 대 시민계층의 37%, 소 시민계층의 15%가 서적을 소유했다.

9) 이 당시 프랑스의 인구증가율은 4% 정도였다.

10) 프랑스의 유아사망률

과중한 부채도 직접적인 요인으로 작용했다.

프랑스는 루이 14세(Louis ⅩⅣ) 사후(1715) 약 3,000,000,000 리브르(Livres)에 달하는 부채를 넘겨받았는데 그러한 금액은 당시 프랑스 1년 세입의 20배에 달하는 거액이었다. 이어 등극한 루이 15세(Louis ⅩⅤ)는 국가의 재정적 위기를 극복하는 것이 자신의 선결 과제임을 인식하고 그것에 따른 정책을 펼쳤다. 그리고 거기서 어느 정도의 가시적인 효과도 거둘 수 있었다. 그러나 프랑스의 재정적 상황은 다시 어렵게 되었는데 그것은 프랑스의 아메리카 독립전쟁 참여 및 호화로운 왕실운영에서 비롯되었다 하겠다.11)

2. 혁명전야

20세에 등극한 루이 16세 [(Louis ⅩⅦ:1774−1792, 마리 앙투아네트(Marie Antoinette12))] 는 한 국가를 통치하는데 필요한 자질을

년 도	1000명당 사망률
1738−1743	264
1749−1758	161
1759−1768	182
1771−1779	138
1786−1792	122

* 프랑스인들의 수명도 이 시기에 늘었는데 그것은 60세 이상의 사망률이 17세기에는 28−40 % 정도였지만 18세기후반에 이르러서는 그 비율이 43-61%로 높아진 것에서 확인할 수 있다(Beauvais 지방).

11) 급속히 증가된 연금지급(327%:1726-1788)도 혁명발발의 중요한 요인으로 제시할 수 있을 것이다.

12) 마리아 테레지아(Maria Theresia)의 딸로 1770년 루이 16세와 결혼했는데 그

갖추지 못했다.13) 따라서 이 인물은 국가를 효율적으로 통치하는 것보다 화려한 궁중 생활에 대해서 더 많은 관심을 가지고 있었다.14)

그럼에도 불구하고 루이 16세는 국가의 재정적 상황이 어렵다는 것을 파악했고 그것의 개선 역시 절대적으로 필요하다는 인식도 하게 되었다. 따라서 그는 1774년 중농주의자였던 튀르고(A.R.J.Turgot: 1721 – 1781)를 재상으로 기용했다. 이 당시 튀르고는 세제 개혁으로 국가의 재정을 정상적인 궤도로 복귀시킬 수 있다는 확신을 가지고 있었다. 따라서 그의 개혁은 이러한 원칙에 따라 특권 계층이었던 성직자 및 귀족들에게도 세금을 부과하려고 했던 것이다. 아울러 그는 농민 계층에게만 부과했던 부역세를 제 2 계층인 귀족에게도 부담시켰다.15) 또한 튀르고는 그 동안 시민들의 경제활동에 제약을 주던 길드의 독점권을 줄이고, 곡물의 국내수송에 대한 규제를 철폐시킴으로써 제 3 계층의 불만을 다소나마 완화시키려고 했다. 그러나 이러한 튀르고의 개혁안은 마리 앙투아네트를 중심으로 구축되었던 특권 계층의 조직적인 반발로 실

것은 일종의 정략적인 결혼이었다.
13) 이 당시 루이 16세는 외교 분야에서 어느 정도의 능력을 발휘했을 뿐이다. 전쟁 장관이었던 몽바레(Alexandre de Montbarey)는 루이 16세의 통치능력을 다음과 같이 언급했다.
　"왕은 아무런 계획 및 고려 없이, 즉 유아적 입장에서 왕국을 통치하려고 했다. 한 국가를 이러한 방식으로 통치할 경우 어떠한 결과가 야기될 것인가는 쉽게 예측할 수 있을 것이다."
14) 아울러 루이 16세는 자물쇠 제조 및 사냥에도 몰두했다.
15) 이에 앞서 그는 '재정현황보고서(Compte rends)'를 발표하여 국가재정의 현실을 특권계층에게 알리고자 했다.

패하고 말았다. 즉 이들 기득 계층은 면세특권을 절대로 포기하지 않으려고 했다. 튀르고에 이어 스위스 출신의 은행가 네케르 (Necker:1732－1804)가 1777년 재무장관으로 임명되었는데 이 인물은 차입을 통해 국가를 운영하고자 했다. 이에 따라 네케르는 5억 3천만 리브르에 달하는 공채를 7차례에 나누어 발행했다. 그러나 이러한 방식은 매우 위험했는데 그것은 8.5%에서 10%에 달하는 고율의 공채이자를 지불해야 했기 때문이다. 1778년 프랑스가 아메리카 독립전쟁에 참여함으로써 국가재정은 이전보다 더욱 악화되었다. 1783년 마리 앙투아네트의 추천으로 칼론느(Charles-Alexandre de Calonne)가 새로운 재무장관으로 임명되었다. 이 인물 역시 튀르고와 같은 맥락에서 국가의 재정적 위기를 개선시키고자 했다. 즉 그는 성직자 및 귀족 계층의 면세 특권을 인정하지 않으려고 했다. 따라서 그는 모든 토지소유자들에게 일률적으로 부과하는 '보조지세補助地稅'를 시행하고자 했는데 그것은 그가 타이유 대신에 모든 토지소유자들에게 부과하는 일반세의 도입을 모색한 데서 확인할 수 있다. 또한 칼론느는 국가의 경제적인 상황을 호전시키기 위해 간접세의 세율을 낮추고, 국내관세제도도 철폐시키고자 했다. 아울러 그는 일부교회의 재산을 몰수하는 것도 고려했다. 그러나 이러한 그의 시도는 튀르고가 자신의 개혁안을 제시했을 때와 마찬가지로 기득계층의 반발로 아무런 성과도 거둘 수 없었다. 즉 귀족, 고위성직자, 그리고 소수의 시민들로 구성된 명사회는 1787년 2월 칼론느의 안을 수용할 수 없다는 입장을 공식적으로 밝혔던 것이다.16) 1787년 4월 8일 해임된 칼론느에 이어 등장한 브리엔(Loménie de Brienne)은 고등법원(Parliament)의 지원을 받아 재정적 위기를 극복하려고 했으나 이 역시 성공을 거두지 못했다.

이러한 기득계층의 반발에도 불구하고 당시의 재정적 위기는 루이 16세로 하여금 특단의 조치를 취하게 했는데 그것은 소유자의 신분에 관계없이 모든 토지에 균등과세를 부과한다는 것이었다. 이후 성직자들은 정부의 새로운 과세법에 항의하기 위해 그들이 그 동안 납부했던 '자진 증여(don graduit)'의 액수를 17%로 축소시켰다. 아울러 파리의 고등 법원도 루이 16세의 조치가 위법적인 행위라는 주장을 펼쳤다. 이에 따라 왕실과 귀족 계층의 의결 기구였던 고등법원 사이의 대립이 심화되었다. 여기서 귀족들은 새로운 세금징수는 삼부회의(*états généraux*)의 고유권한이라는 주장도 펼쳤다.17) 이와 병행하여 이들은 전단 배부 등을 통해 그들 주장의 당위성을 프랑스인들에게 알리고 이들로부터 지지도 얻어내고자 했다. 상황이 이렇게 진행됨에 따라 루이 16세는 1788년 8월 8일 삼부회의를 다음해 5월 5일 베르사유(Versailles)에서 개최한다는 데 동의했다. 성직자 및 귀족 계층은 국왕의 이러한 결정으로 절대왕정체제하에서 축소 내지 무력화되었던 자신들의 권력을 다소나마 회복할 수 있게 되었다. 이후 이들은 1788년 9월 21일 삼부회의는 1614년의 절차에 따라 소집되고, 구성되어야 한다는 입장

---

16) 명사회는 국왕이 임명한 144명으로 구성되었다.
17) 삼부회의는 1302년 최초로 개원되었다.

을 밝혔다.

1614년 이후 개최된 적이 없었던 삼부회의는 1789년 5월 5일 베르사유에서 개최되었고 이 회의에는 1,214명이 참여했다. 그런데 이번의 경우에는 그 이전과 전혀 다른 상황 하에서 개원되었다. 즉 평민들의 불만이 극도로 팽배한 상황에서 삼부회의가 소집된 것이다. 이 당시 평민들의 생활은 극히 어려웠는데 그것은 계속된 흉년으로 인하여 물가와 지대가 각기 65%, 98%가 오른 반면 임금은 겨우 22%밖에 상승하지 않았기 때문이다. 아울러 1788년에 체결된 영·불통상조약으로 영국의 값싼 섬유제품과 금속제품이 프랑스에 대거 유입됨에 따라 동일업종에 종사하던 많은 기술자들도 일자리를 잃은 상태였다.[18]

삼부회의는 이전의 방식에 따라 운영되었다. 그러나 이 회의에 제 3 계층은 578명의 대표[19]를 파견했는데 그것은 이전보다 2배나

---

18) 라브루스(Labrousse)는 자신의 저서인 '구체제말기 프랑스의 경제적 위기 (The Crisis in the French Economy at the End of the Old Regime)'에서 이 부분을 다음과 같이 언급했다.

"1788년 초부터 섬유산업의 환경이 크게 악화되었는데 그것은 원료의 가격상승 및 영국과의 통상조약에서 비롯되었다 하겠다. 이에 따라 노르망디로부터 샹파뉴까지의 섬유공업 중심지들은 타격을 받았고 공업생산량 역시 절반으로 떨어졌다. 아울러 이들 지역에서의 고용사정은 극히 악화되었다. 1789년 초 아브빌(Abbeville)에서 1만 2천명의 실업자가 발생했고 리옹(Lyon)에서는 이보다 훨씬 많은 2만 명이 거리로 내몰렸다. 이후 임금의 상승비율은 매우 낮았고 그러한 것은 다른 공업 분야까지 파급되었다."

19) 특히 지방행정직에 종사했던 관리들(344명), 상인, 공장주, 그리고 금융가(85명)들의 참여가 두드러졌다.

A.Cobden, "the Myth of the French Revolution", in: E. Schmitt (Hrsg.), *die Französische Revlution. Anlässe und langfristige Ursachen*(Darmstadt, 1973), pp.170―

많은 숫자였다.[20) 반면 제 1계층과 제 2 계층은 각각 294명과 270
명을 참석시켰는데 이러한 것은 1614년 삼부회의가 개최되었을 당
시의 수에서 크게 벗어나지 않았다. 회의가 개최된 직후 제 3 계
층은 신분별투표방식의 철폐를 요구했는데 그것은 어떤 법안을 통
과시키기 위해서는 각 계층이 따로 모여 회합을 가진 뒤 전체회의
에서 투표하는 방식이었다. 그런데 제 1 계층과 제 2 계층은 이해
관계가 일치되는 경우가 많았기 때문에 그들의 견해는 아무런 저
항 없이 통과된 반면 제 3 계층은 자신들의 입장을 한번도 관철시
킬 수 없었다. 그러나 이전의 삼부회의와는 달리 이번에는 하위
귀족 및 성직자 계층의 일부가 제 3계층의 관점을 지지했다.

회의장 분위기 역시 이전에 개최되었던 삼부회의의 그것과는 달
랐다. 루소의 '전체 의사'를 정당화시키는 유인물들이 나돌았는데
그것은 시에예스(Immanuel Joseph Sieyès:1748−1836)의 주도로 이루
어졌다. 이 당시 시에예스는 '제 3신분이란 무엇인가?'라는 전단을
출간했는데 여기서 그는 국가 신민 모두를 제 3신분으로 간주했고
만일 그러한 계층에 속하지 않는 사람들이 있다면 그들은 프랑스
국민이 아니라는 주장을 펼쳤다.[21) 아울러 그는 지금까지 제 3계

172.

20) 시민계층은 삼부회의에 참석할 그들의 대표수를 제 1계층과 제 2계층의
대표수를 합친 것과 같아야 한다는 '제 3신분대표수의 배가운동'을 전개했
고 루이 16세 역시 그것을 승인했다.

21) 이 당시 프랑스에서는 많은 전단 들이 간행되었다. 전단에서는 자유주의의
제 이론이 찬양되었을 뿐만 아니라 특권계층, 즉 귀족 및 성직자에 대한 노
골적인 비난도 거론되었다. 일반적으로 전단은 익명으로 작성되었고, 인쇄
장소도 거의 거론되지 않는 공통점을 가졌는데 그것은 경찰로부터의 단속

층이 국가통치에 관여한 적이 없었음을 지적하면서 그것의 시정이 절실히 필요하다는 견해도 제시했다.22) 미라보(Mirabeau) 백작을 비롯한 일부 귀족정치가 들도 시에예스의 이러한 관점에 적극적으로 동조했다.

삼부회의에서 제 3계층은 전체회의를 주장했을 뿐만 아니라 머리 수 투표도 주장했다. 이에 제 1·2 계층은 사태의 심각성을 인식하고 삼부회의를 폐회시키고자 했다. 귀족 및 성직자들의 대응책을 파악한 제 3계층은 6월 20일 실내 정구장에 모여 그들의 확고한 입장을 다시금 천명했다.23) 여기서 이들은 6월 17일에 결의한 국민의회(National Assembly)의 구성을 구체화시키기로 합의했고 여기에 성직자 및 귀족들도 참여할 것을 요구했다. 이러한 요구에 대해 루이 16세는 제 1·2 계층에게 국민의회에 참여할 것을 지시했다. 그러나 그는 국민의회를 부정적으로 보았기 때문에 베르사유에 병력을 집결시켜 제 3 계층의 활동을 중지시키려고 했다.

정치권에서 이러한 모임을 가질 때 프랑스의 경제적 상황은 더

을 피하기 위한 유일한 방편이었기 때문이다.
22) 시에예스는 자신의 저서에서 제 3신분의 과제에 대해서도 언급했다.
'제 3신분이 정치적 권리를 소유하려면 앞으로 무엇을 해야 할까?
그것은 제 3신분이 의회를 별도로 개원하는 것이다. 귀족·성직자와 협력하지 않고 신분 및 사람 수에 따라 의석수를 정한다. 여기서 제 3신분의회와 두 특권 신분의회와는 서로 크게 다르다는 것을 인지해야 할 것이다. 전자는 2,500만 명을 대표하며 신민의 이익과 관련된 것들을 토의하지만 후자는 소집될 필요가 있지만, 기껏해야 약 2만 명의 권한을 가지며 자신들의 특권만을 생각한다.
23) 프랑스 왕족들이 죄드폼(jeu de paume)이라는 게임을 즐기던 장소에서 제 3계층의 지도자들은 헌법제정을 맹세했다.

욱 어려워졌는데 그것은 1787년 이후 계속된 흉년으로 국민 대다수가 기아상태 하에 놓여 있었기 때문이다. 아울러 이러한 상황은 귀족들의 봉건적 반동도 야기시켰는데 토지대장과 같은 옛 봉건문서를 인위적으로 갱신하여 수입을 늘리려고 한 것이 그러한 시도의 대표적인 예라 하겠다.

이제 대다수의 프랑스인 들은 곡물 및 빵 가격의 급격한 상승으로 그들 수입원의 80% 이상을 곡물 및 빵 구입에 할애해야만 했다. 이전에는 수입원의 50%로 그들이 필요로 하는 기본식량을 살 수 있었다.24)

삼부회의에 대한 루이 16세의 대응에 대해 파리 시민들은, 특히 하층민들은 그들의 불만을 즉시 표출했을 뿐만 아니라 무력적인 봉기도 모색했다. 파리 시민들은 1789년 7월 14일 팔레 르와얄(Palais Royal)에 모였고 여기서 데물랭(Benoit Camille Desmoulins)은 정부의 정책을 강력히 비방했다. 뿐만 아니라 그는 현 체제의 타

---

24) 파리의 빵 가격(1 Kg)

1788.9.7	5.5
1788.11.8	6
1788.11.28	6.5
1788.12.11	7
1789.2.1	7.5
1789.7.14	8.5
1789.7.22	6.5
1789.8.8	6
1790.6	5.5
1790.7	4

[단위: 수(Sous)]

파도 요구했다. 이어 그는 구체제의 상징으로 간주되던 바스티유 (Bastille) 감옥을 습격해야 한다는 주장을 펼쳤고 그러한 견해는 참석자들의 절대적인 지지를 받았다.[25] 바스티유 감옥에 도착한 파리 시민들은 사령관에게 설치된 대포를 치울 것과 자신들에게 무기를 제공할 것을 요구했다. 그러나 사령관은 이러한 요구를 거절했을 뿐만 아니라 발포명령도 내려 98명이 목숨을 잃었다. 이러한 상황은 몇몇 선동자들의 입장을 강화시키는 계기가 되었다. 이 당시 바스티유 감옥에는 정치범 대신에 5명의 흉악범과 2명의 정신병자만이 수감되었을 뿐이다.

바스티유 감옥이 함락된 직후 각 구(sections)의 대표들로 구성된 파리 자치시 정부(commune)는 48,000명의 민병을 소집하여 민병대를 구성 했다. 이 때 처음 등장한 삼색기는 수도를 상징하는 빨강과 푸른 색, 그리고 부르봉 왕가를 의미하는 흰색으로 구성되었다.

3. 진행과정

파리에서의 소요는 전국적으로 영향을 주었다. 7월말부터 브르타뉴, 노르망디, 프랑쉬 꽁테(Franche-Comté), 그리고 마코네 (Mâconnais)에서는 농민들이 자치위원회와 민병대를 구성하여 봉건 영주의 저택이나 성을 습격하여 그들의 부채를 기록한 문서들, 즉

---

25) 파리 중심가에 위치한 바스티유 감옥은 불법투옥 및 고문이 자행되던 장소로 알려졌다.

장원문서를 소각했고 그들이 필요로 하는 물품들도 얻었다. 그러나 농민들의 이러한 행동은 국지적인 성격에서 벗어나지 못했다고 볼 수 있는데 그것은 혁명적 이념을 농민들이 파악하지 못했을 뿐만 아니라 그들 간의 연대도 모색하지 않았기 때문이다. 점차적으로 귀족들도 자신들이 위험한 상황에 놓여 있다는 것을 인식하고 국외로의 탈출(*La Grande Peur*)을[26] 모색했는데 아르끄올즈(J.W. V. Archonholz)는 그것을 다음과 같이 분석했다.

"40,000명에 달하는 귀족들은 자신들의 재산(특히 금과 은)과 말을 국외로 유출시켰고 그것은 프랑스의 경제적 상황을 더욱 어렵게 하는 계기가 되었다."

두에(Merlin de Douai:1754−1838)가 주도한 국민의회의 한 분과소위원회에서 봉건제의 유상철폐가 안건으로 상정되었다. 그리고 이 안은 본회의에서 커다란 수정 없이 의결되었는데 그것은 전국적으로 확산되던 농민소요를 진정시키기 위해서였다.[27] 이제 이러한 조치로 제 1·2 계층은 자신들의 특권을 포기해야만 했다(8.4-8.11). 아울러 여기서는 균등세제의 도입과 십일세의 폐지가 결정되었다. 또한 제 2 계층의 수렵지 보유 및 장원적 특권도 철폐되었다.

1789년 8월 26일 <인간과 시민의 기본권리, Déclaration des droits

---

26) 1789년 7월말부터 8월 중순까지 진행된 대공포는 농민들로 하여금 자체방어를 위해 무장하게 했다.

27) 여기서는 인신적 부과조가 무상으로 폐지된 반면 물적부과조는 영주와 농민사이의 계약에 따라 해결되는 것이 타당하다는 견해가 부각되었다.

de l'homme et du citoyen>가 국민의회에서 제정되었는데 여기서 주도적인 역할을 담당한 인물은 라파예트였다.28) 이 선언서의 전문에서는 '인간의 권리에 대한 무지와 망각, 그리고 경멸이 '공공의 불행과 정부부패의 유일한 원인이다.'라는 문장을 발견할 수 있다.

<인간과 시민의 기본권리>는 영국의 명예혁명과 아메리카 혁명으로 제정된 '권리장전'과 '독립선언서'의 영향을 받았으며 루소의 정치철학도 많이 반영했다.29) 전문 17조로 구성된 선언문중에서 중요한 것들을 요약하면 다음과 같다.

  –인간은 자유롭고, 평등하게 태어났다. 그리고 사회적 차별은 단지 공공복리를 위해서만 가능하다.

  –모든 정치적 결사는 양도할 수 없는 자연권보호를 위해서이다. 이 권리는 자유, 소유권, 안전, 그리고 압제에 대한 저항

---

28) 인간과 시민의 기본권리제정은 프랑스혁명이 발생한 직후부터 구체화되기 시작했다. 즉 국민의회는 바스티유 감옥이 함락되던 날 8명으로 구성된 '제헌위원회(comite des Constitution)'를 발족시켜 인간과 시민권리의 초안을 마련하도록 했다. 아울러 국민의회는 제헌위원회가 마련한 초안을 가지고 분과별검토의 단계를 거친 후 본회의에서 최종안을 확정시킨다는 방법도 채택했다. 그러나 인간과 시민의 기본권리제정 대신에 군주제의 권리선언을 채택하자는 견해도 국민의회에 상정되었는데 그것은 인간과 시민의 기본권리제정을 반대하는 인물들이 의외로 많았다는 것을 예측케 한다. 이후부터 영국식의 헌정체제를 선호하는 온건파와 백지상태의 이론을 가지고 양원제에 반대하는 급진파의 두개 진영이 첨예한 대립을 보이기 시작했다.

29) 프랑스의 '인간과 시민의 기본권리'는 유럽 각국의 진보주의자, 자유주의자, 그리고 개혁주의자들을 자극했으며 19세기에는 절대왕정과 전제정, 봉건적 잔재 하에서 신음하던 다수의 국민들로 하여금 압제 및 폭정에 저항하게끔 유도했다.

이다.

−모든 주권은 국민으로부터 비롯된다.

−자유란 타인의 권리를 침해하지 않는 한 무엇이든지 할 수 있는 것을 지칭하며 그것의 제한은 법을 통해서만 가능하다.

−법은 일반의지의 표현이며 모든 시민은 직접 또는 자신들의 대표를 통해 법 제정에 참여할 권리를 가진다. 모든 시민은 법 앞에서 평등하기 때문에 능력에 따라 또는 덕과 재능 이외의 다른 차별 없이 모든 관직과 지위, 직업에서 평등한 자격을 갖는다.

−법에 명시된 경우를 제외하고는 누구든지 체포, 구금할 수 없다.

−사상 및 의견의 자유로운 교환은 인간의 고귀한 권리중의 하나이다. 따라서 모든 시민은 자유롭게 말하고 쓰고 출판할 수 있다. 다만 법이 정한 경우 그 자유의 남용에 대해서 책임을 져야한다.

−3권분립을 실시한다.

−공권력의 유지 및 행정 경비를 위해 공공과세를 하는 것은 불가피하다. 여기서의 세금부담은 시민 능력에 따라 평등하게 배분한다.

−사유재산은 그 무엇도 침해할 수 없는 신성한 것이다. 따라서 공적필요성 또는 정당한 보상조건이 제시되지 않을 경우 어느 누구도 그것을 빼앗을 수 없다.

이러한 내용을 담은 <인간과 시민의 기본권리>는 곧 전단, 팜플렛, 그리고 소책자 등으로 인쇄되어 프랑스 전역에 배포되었다.

그러나 <인간과 시민의 기본권리>에 입각한 헌법기초작업은 순탄하지만은 않았다. 특히 의원들은 선전포고 및 평화체결권과 국왕의 거부권행사에 대해 심각한 의견대립을 보였다. 그러나 이러한 활발한 정치적 논의는 새로운 정치문화형성에 큰 기여를 했다.

점차적으로 국민의회는 정치적 관점에 따라 몇 개의 집단으로 나눠지게 되었는데 귀족의 특권적 지위를 강조하는 '귀족파(특권계급파)', 상원의 설치 및 국왕의 거부권행사를 지지하는 '왕당파', 루소의 이념을 추종한 '민주주의파(로베스피에르:Robespierre)', 그리고 몽테스키외의 이론을 실제정치에 활용하고자 했던 '입헌주의파(라파예트, 시에예스)'가 바로 그러한 집단들이라 하겠다.

상황이 이렇게 급변했음에도 불구하고 루이 16세는 이러한 국민의회의 활동을 귀족계층의 지지로 와해시키고자 했다. 따라서 그는 봉건제의 폐지선언과 인간과 시민의 권리선언을 인정하지 않으려고 했다.

10월 5일 식량부족으로 파리에서는 폭동이 발생했다. 약 6,000명에 달하는 부녀자들이 빵을 요구하며 베르사유로 행진했고 20,000 명의 국민방위군과 수많은 민중들이 이들을 뒤따랐다. 다음 날에도 부녀자들의 시위는 이어졌다. 이후 왕을 비롯한 그의 인척들은 파리로 강제 이송되었고 그러한 조치는 귀족들의 대규모 해외망명을 가져 왔는데 이를 지칭하여 '제 2차 귀족 망명'이라 한다.

이후 혁명 정부는 1789년 11월 2일 교회 재산을 국유화시켰고 그러한 조치는 로마 교회(피오 6세: Pius VI)와 혁명 정부 사이의 관계를 단절시키는 계기가 되었다. 물론 혁명 정부는 이러한 조치를 취했음에도 불구하고 사유재산 제도를 폐지하려고 하지는 않았다. 이들의 관점에서 볼 때 교회 토지는 공공 기관의 것이므로 그것을 사유재산의 범주에 포함시키지 않아도 된다는 것이다. 이후 교회재산은 큰 단위로 매각되었고 그것은 농업자본가, 시민계층, 그리고 부유한 자영농들의 몫이 되었다. 이와는 달리 빈농이나 토지가 없었던 농민들은 아무런 혜택도 받지 못했다.

교회재산의 몰수를 계기로 혁명정부는 교회 및 성직자 조직에 대한 개혁도 단행했다. 즉 혁명정부는 수도원을 해체시켰고 1790년 7월 12일 '성직자민사기본법(constitution cvile du clergé)'도 제정했다. 여기서는 성직자의 선출제와 국가가 이들에게 봉급을 지불한다는 것 등이 거론되었다.[30] 아울러 134개의 교구를 줄여 83개의 도(department)와 일치하게 한다는 것도 명시되었다. 이제 성직자들은 교황에게 자신들의 승진을 일방적으로 전달하고 자신들의 성직취임에서 교황의 어떠한 권위도 인정할 수 없게 되었다. 아울러 교황의 서한이나 포고령 역시 정부의 허락 없이 프랑스 내에서 출간되거나 시행되지 못하게 되었다.

혁명정부는 국채총액에 해당되는 교회재산을 몰수했고 그것을 담보로 한 아시냐(Assignat)를 1789년 12월 19일부터 발행하기 시작했다.[31] 따라서 아시냐는 이자지급을 보장하는 일종의 국채성격(일

---

30) 이제 성직자들은 선서성직자와 비선서성직자로 나눠지게 되었다. 134명의 대주교 중에서 4명만이 선서했고, 주교들 역시 단지 ⅓만이 선서에 응했다.
31) 아시냐는 처음에는 500리브르의 고액권으로, 그 후에는 50이나 5리브르의

종의 불태환 지폐)을 띄었으나 1790년부터는 지폐로 사용되기 시작했고 그 발행고도 매년 증가되었다. 이에 따라 아시냐의 가치는 급속히 하락했고 인플레이션과 경제위기의 주된 요인으로 부각되었다.[32]

국민의회는 지방행정제도도 개혁했는데 그것은 낡은 지방행정구역을 정비하여 83개의 도로 다시 나눈 것에서 확인할 수 있다. 그리고 각 도는 군과 시읍면으로 다시 세분화되었다.

이 기간 중 큰 역할을 담당했던 인물로는 라파예트를 들 수 있는데 그는 중도적 관점에서 혁명적 과제를 달성하려고 했다.

1791년 9월 3일 '91년 헌법'이 제정되었는데 여기서는 입헌군주제가 지향되었다. 이제 루이 16세는 절대적인 '프랑스 왕'이 아니라 '프랑스 국민의 왕'이 되었다. 그렇다면 왜 국민의회의 의원들이 입헌군주제를 지향했을까? 그것은 시민 혁명의 바른 길이 자유주의의 이념을 구현하는 것, 즉 군주제의 정착으로 인식했기 때문이다. 그러나 이러한 온건적 구도도 국왕의 해외탈출 시도로 어렵게 되었다.

그렇다면 91년 헌법의 중요한 내용들을 살펴보도록 한다. 우선 의회의 권한으로 법률제정권, 예산심의권, 전쟁선포권, 그리고 평화체결권 등이 제시되었다. 이어 거론된 왕권에서는 국민의회의 결정에 대해 국왕이 이의를 제기할 수 있다는 것이다. 그러나 국왕은 법률에 대한 절대적 거부권을 더 이상 행사하지 못하고 법률

소액권으로 발행되었다.
32) 아시냐의 가치는 1793년에 50%, 1794년에 31%, 1795년에 3%로 급락했다.

을 연기시키는 권한(2-6 년)만을 가진다는 것이다.[33] 아울러 국왕
에 대한 언급도 있었는데 그것을 살펴보면 다음과 같다; 프랑스
왕국은 분열되지 않는다. 그리고 부르봉 왕조는 계속하여 왕위계
승권을 가지지만 여자의 왕위계승은 인정하지 않는다. 국왕의 권
위는 신성하지만 더 이상 법을 초월하는 권위를 가질 수는 없다.

91년 헌법은 선거인단의 구성 및 운영방법에 대해서도 언급했
다. 만 25세 이상의 성인남자로 구성된 선거인단회의는 격년제 3
월 2번째 주 일요일에 개최한다. 아울러 교회가 주관했던 주요 기
록의 보존, 자선사업, 그리고 교육의 제 업무를 국가로 이관시킨다
는 것과 의무 교육제를 도입한다는 것 등이 명시되었다.

그러나 '91년 헌법'은 일부 시민에게만 참정권을 부여했다. 즉 1
년에 적어도 3일분의 노동 임금을 세금으로 낼 수 있는 사람들에
게만 참정권을 부여했는데 그것은 시민 계층을 430만 명의 능동적
시민(citoyen actif)과 300만 명의 수동적 시민(citoyen passif)으로 분류
한 것에서 확인할 수 있다. 더욱이 시의 관리나 입법의회의 선거
인단으로 선출되기 위해서는 보다 많은 세금, 즉 10 일간의 임금
에 해당되는 세금을 납부해야만 했다. 그리고 의원이 되기 위해서
는 1년에 54 프랑(Franc) 이상의 직접세를 내야만 했다.

1791년 6월 20일 루이 16세는 왕비의 권유로 네덜란드로의 탈출

---

33) 이전의 프랑스 국왕들은 칙령형태로 모든 법들을 공포했을 뿐만 아니라
세금도 징수했다. 아울러 그들은 국고를 제한 없이 사용할 수 있는 권한도
가졌다. 뿐만 아니라 그들은 전쟁선포권과 평화체결권도 가졌다. 국왕의 법
들은 국왕이 임명한 관리들에 의해 수행되었으며 재판 역시 국왕의 통제
하에 있었다.

을 시도했으나 6월 22일 국경 근처인 바렌느(Varennes-en-Argonne)에서 역장의 아들이었던 드루에(Drouet)에 의해 체포되었다.34) 이 당시 루이 16세 역시 입헌군주정체제에 대해 부정적인 시각을 가졌기 때문에 인접국가, 특히 오스트리아의 지원을 받아 프랑스를 절대왕정체제로 회귀시키려는 생각을 가지고 있었다.35) 왕의 탈출시도로 프랑스 내부 상황은 급변하게 되었는데 특히 왕을 지지했던 우파의 입지적 조건은 크게 약화되었다. 아울러 그러한 탈출시도는 입헌 군주정의 시행을 어렵게 하는 결정적인 요인이 되었다.

1791년 7월 17일 6,000명에 달하는 사람들이 샹 드 마르스(Champ de Mars:연병장)에 모였고 여기서 이들은 왕의 퇴위를 요구했다. 이러한 시위에 대해 국민방위군사령관이었던 라파예트는 무력적인 방법으로 대처했는데 그것은 그의 정치적 생명을 박탈하는 계기가 되었다.

1791년 10월 1일부터 입법의회가 활동을 펼치기 시작했다. 그런데 이 의회의 의원들은 의정활동의 신인들이었는데 그것은 로베스피에르의 제안에 따라 국민의회의 의원들을 입법의회에서 배제시켰기 때문이다. 개원 직후 입법의회는 정치적 성향에 따라 몇 개의 파(club)로 나누어졌는데 그것을 살펴보면 264명의 의원들이 우파적 성향의 푀양(Feuillant) 파에 소속되었다. 그리고 136명의 의원

---

34) 마리 앙투아네트의 정부였던 페르센(Fersen)백작이 국왕일가의 탈주계획을 준비했다.

35) 이 당시 오스트리아의 왕은 레오폴드 2세(Leopold Ⅱ)였는데 그는 마리 앙투아네트의 오빠였다. 마리 앙투아네트는 레오폴드 2세에게 보내는 수차례의 편지에서 오스트리아가 프랑스문제에 즉각적으로 개입할 것을 요구했다.

들은 지롱드(Gironde)파에 가입했고, 나머지 345여명은 중도적 입장을 취했다.36) 이 당시 지롱드파, 특히 과격한 지롱드파를 주도했던 브리소(Brissot)는 혁명전쟁의 필요성을 강조했다.37) 즉 그는 오스트리아를 비롯한 유럽의 절대왕정 국가들에게 타격을 주고 프랑스의 왕실 및 귀족계층의 반혁명적 음모를 제거하기 위해서는 혁명전쟁이 반드시 필요하다는 견해를 제시했던 것이다.38) 1792년 4월 20일 프랑스에 대해 선전포고를 한 오스트리아는 같은 날 릴(Lille)에서 프랑스군을 격파했다. 오스트리아와 공조체제를 유지하던 프러시아도 프랑스에 대해 군사적인 압박을 가하려고 했는데 그것은 프러시아의 장군 브라운슈바이크(Braunschweig)가 '파리를 군사적으로 굴복시키겠다'라는 언급에서 확인할 수 있다. 이러한 상황변화는 루이 16세로 하여금 법령재가를 거부하게 했다.

　이제 프랑스의 패배는 피할 수 없는 하나의 기정사실로 간주되

---

36) 입법의회의 선거에서 많은 사람들이 투표에 불참했다. 81,000명이 투표권을 가진 파리에서 단지 7,000명만이 투표권을 행사한 것이 그 하나의 예라 하겠다. 그리고 선출된 의원들의 상당수는 30세 미만이었다.

37) 자코뱅파의 세력 확대는 다음에서 확인할 수 있다.

　　1790년 7월: 7개의 지부
　　1790년 8월: 152개의 지부
　　1791년 3월: 227개의 지부
　　1791년 6월: 406개의 지부
　　1791년 9월: 1,000개의 지부
　　1792년 12월: 2,900개의 지부
　　(모든 도시에 적어도 하나의 지부가 설치되었다.)

38) 점차적으로 자코뱅파는 과격한 자코뱅파와 지롱드파로 나눠지게 되었다. 과격한 자코뱅파는 소시민계층의 이익을 대변하려고 했고, 지롱드파는 중산계층 및 지식인 계층의 관점을 옹호했다.

었는데 그 이유로 첫째, 군의 기강이 문란한 상태에 놓여있었다는 것 둘째, 지휘부의 절반 이상이 외국으로 망명한 것을 제시할 수 있을 것이다.39) 따라서 프랑스 혁명 정부는 자구책을 모색하게 되었고 거기서 제시된 것이 바로 '의용군 소집'이었다. 이후 전국 각지의 의용군들은 파리로 집결했다. 특히 마르세유의 의용병은 파리로 들어오면서 루제 드 릴(Rouget de Lisle) 대위가 작곡한 '라인강 수비대의 노래'를 힘차게 불렀는데 그것은 후에 라 마르세예즈(La Marseillaise)로 알려졌다.

> "나가자 조국의 아들들이여 번영의 날이 왔다. 전제정에 대항하는 우리들의 피어린 깃발이 나부낀다.(…) 시민들이여 무기를 들고 군대를 구성하라. 나가자 적들의 더러운 피로 우리의 밭고랑을 적실 때까지."

아울러 파리의 혁명세력이나 정치가들, '봉기꼬뮌', '민중투사', '꼬르들리에클럽'40), 로베스피에르, 마라, 그리고 당통 등은 1792년 8월 3일부터 루이 16세의 폐위를 요구하기 시작했다. 이들 중에 일부는 1792년 8월 10일 루이 16세의 왕궁인 튈르리(Tuileries)궁을 습격했고 왕은 입법의회가 열리고 있던 건물로 도피했다. 이후 파

---

39) 프랑스대혁명이 발생하기 이전 귀족계층만이 지휘관이 될 수 있었다. 그런데 전투경험을 많이 가진 지휘관들은 혁명이후 대거 국외로 망명했는데 그것은 이들이 혁명이후에 전개된 상황에 대해 두려움을 느꼈기 때문이다.
40) 이 클럽의 공식명칭은 '인간과 시민의 권리를 사랑하는 모임(Société des Amis des droit de l'homme et de citoyen)'이었다.

리에는 시민혁명정부, 즉 코뮌(Commune)이 수립되었다. 코뮌은 입법의회의 제 권한을 강제로 빼앗을 뿐만 아니라 헌법에 대한 효력 정지 및 제헌의회선거도 무기한 연기시켰다.

이후 국민공회(Convention nationale)의 소집이 요구되었고 일반-보통 선거제의 도입도 거론되었다. 이제 부유한 시민 계층을 대신하여 소시민 계층, 즉 수공업자 및 소상점주 등이 혁명의 주도권을 장악하기 시작했다.

전쟁의 상황이 극도로 불리하게 됨에 따라[41] 파리의 혁명주의자들은 1792년 9월 1일 바스티유감옥에 수감되어 있던 1,100 명의 죄수를 임의적으로 처형했다.[42] 아울러 이들은 희생자들의 피를 마셨고 심장까지 먹는 극단적인 행위도 자행했다. 이러한 소식을 접한 귀족들은 다시금 망명의 필요성을 인식하게 되었다.[43]

이 당시 핵심 정치가들은 이러한 상황에 대해 의견을 달리 했다. 우선 로베스피에르는 이러한 행위에 대해 당위성을 부여했는데 그것은 그가 혁명의 과격성을 지지했기 때문이다.[44] 이에 반해 당통은 행위의 당위성을 인정하지 않았지만 그것에 대한 대응책을 구체적으로 제시하지는 못했다. 마라는 지방에서도 동일한 행위가

---

41) 프러시아군과 오스트리아군은 9월 2일 베르됭(Verdun)을 점령했다.

42) 처형된 사람들은 분리파 성직자와 반혁명분자로 간주되었다. 그러나 혁명과 관계없는 사람들도 목숨을 잃었다.

43) 루데(Rudé)는 학대음란증 환자들이 이러한 소요에 대거 참여했다는 주장을 제기했다.

44) 이 당시 로베스피에르는 혁명에서 다른 어떤 것들을 기대하겠는가라고 반문했다.

펼쳐져야 한다는 견해를 제시했다.45)

혁명군은 1792년 9월 20일 발미(Valmy)에서 프러시아와 오스트리아의 동맹군을 격파했다.46) 같은 날 새로운 헌법 개정을 위해 국민공회가 소집되었고 여기서는 왕정의 폐지 및 공화정체제의 도입이 선포되었다.47) 이어 프랑스군은 벨기에(오스트리아 령 네덜란드)를 정복했고 사보이(Savoy)도 합병했다(1792. 11.6-11.27).

국민공회는 점령지역에서 옛 정부들을 해체했고 정부 및 교회재산도 몰수했다. 아울러 십일조, 수렵권, 그리고 영주의 잡세 등도 폐지시켰다. 이후 국민공회는 '자유를 회복하려는 모든 인민들을 지원하겠다'라는 입장을 공식적으로 밝혀 혁명사상의 수출을 강력히 천명했다.

총 749명으로 구성된 국민공회48)는 1792년 9월 21일부터 활동을 펼치기 시작했고 연방체제와 경제적 자유주의를 지향했던 평원파(Girondins)와 강력한 중앙집권체제 및 통제경제체제를 선호했던 자코뱅파(+상퀼로트(sans culottes)로 나눠지게 되었다.49) 특히 후자는 민중의 복지와 전쟁수행을 자신들의 최우선 과제로 인식하고 있었다.

---

45) 이 당시 마라는 혁명의 핵심인물 중에서 가장 과격했다.
46) 괴테(Goethe)는 이 전투를 다음과 같이 묘사했다.
  "오늘 이곳에서 세계사의 새로운 시대가 시작되었다."
47) 파리에서는 공개투표제가 채택되었다.
48) 이들의 대다수는 시민계층이었고 250명의 의원들은 법률가출신이었다.
49) 이들은 중산계층과 상류계층이 착용했던 허벅지에 밀착되는 짧은 바지(culotte)대신에 긴 바지를 입었다.

점차적으로 국민공회의 의원들은 국왕의 처형문제로 첨예하게 대립하기 시작했다.50) 그렇지만 이들은 1792년 12월 3일 국왕을 재판에 회부하기로 합의했고 12월 26일에는 루이 16세로 하여금 변호사를 선임하게 했다. 1793년 1월 15일 국민공회는 만장일치로 국왕의 유죄를 선고했지만 다음날 출석의원 721 명 중 361 명이 즉각적인 처형에는 반대했다. 이에 따라 제 2차 투표가 실시되었고 거기서는 출석의원의 과반수이상이 국왕의 즉각적인 처형에 대해 동의했다. 이제 국왕처형에 찬성표를 던진 국민공회의 의원들은 자신들의 안전을 위해 왕정체제의 복귀에 대해 거부적인 자세를 취할 수밖에 없었다.

루이 16세는 1793년 1월 21일 오전 10시에 튀일르리 궁 앞 광장 (Place de la Concorde)에서 기요틴(guillotine)으로 처형되었고 그것은 주변 국가들을 경악하게 했다.51) 이제 이들 국가들의 군주, 귀족, 그리고 성직자들은 혁명의 여파가 자국에 유입되는 것을 두려워하게 되었다.52) 이에 따라 이들은 프랑스에 대해 공동으로 대처하기

---

50) 이 당시 국민공회에서는 프랑스에서 평화가 정착될 때까지 루이 16세를 국외로 추방시키거나 또는 구금시켜야 한다는 견해와 즉시 그를 처형시켜야 한다는 입장이 제기되었다.

51) 귀요틴은 파리의 의사 기요탱(J.J.Guillotine)이 사형수의 고통을 덜어주기 위해 고안한 장치였다.

52) 이미 일부 인접국가, 특히 뷔르템베르크(Wurtemberg)왕국에서 그러한 징후가 나타났다. 1770년 슈투트가르트(Stuttgart)에서 개교한 칼학교(Carlsschule)는 프랑스혁명이 발생된 이후 반정부활동의 중심지로 부각되었다. 특히 루이 16세가 처형된 이후 이 학교의 학생들과 교수들은 뷔르템베르크 왕국의 정치체제에서 비롯되는 문제점들을 지적하는데 주저하지 않았을 뿐만 아니라 그것을 극복할 수 잇는 대안, 즉 자유주의적인 개혁안도 제시했다. 그

로 합의했고 거기서 영국수상 피트(W. Pitt)의 주도로 1793년 2월 제 1차 대불동맹을 결성했다. 이 동맹에는 영국, 네덜란드, 스페인, 사르데냐, 나폴리, 포르투갈, 신성로마제국, 그리고 로마교황청이 참여했다. 이들 국가의 군주들은 프랑스 국왕의 죽음을 복수하고 혁명적 세력을 붕괴시키겠다는 의지를 강력히 표방했다. 국민공회는 대불동맹에 대항하여 1793년 2월 1일 영국과 네덜란드에 대해 선포포고를 했다. 3월에 이르러 프랑스는 러시아를 제외한 유럽의 대다수 국가들과 교전상태로 들어갔다.

"프랑스 민족은 지금까지 정복을 목적으로 전쟁을 일으키지 않았을 뿐만아니라 다른 민족의 자유를 억압하기 위해 무기도 들지 않았다. 우리 민족은 단지 자유와 독립을 위해 전쟁을 펼쳤을 뿐이다. 지금 많은 국가들이 우리에게 전쟁선포를 한 것은 국가와 국가 간의 전쟁이 아니라 자유로운 민족에 대한 군주의 정당하지 못한 행위에서 비롯된 것이라 하겠다."

러나 슈투트가르트 정부는 이러한 요구에 대해 관심을 보이지 않았다. 아울러 이 정부는 정부에 대해 비판적 자세를 취했던 학생들과 교수들을 처벌하는데만 주력했다. 이에 따라 칼 학교의 학생들과 교수들은 정부가 자신들의 개혁요구를 수용하지 않으리라는 판단을 했음에도 불구하고 자신들의 입장을 철회하지 않았다. 그것은 이들이 시간이 지남에 따라 자신들을 지지하는 세력이 확산되리라는 확신을 가졌기 때문이다. 점차적으로 이들의 확신은 구체화되었는데 그것을 살펴보면 첫째, 뷔르템베르크 왕국내의 대학들이 정부에 대해 정치적 개혁을 요구했다는 것. 둘째, 개혁의 필요성을 인식하는 계층이 확산되었을 뿐만 아니라 그들 주도하에 정치적 조직도 결성되었다는 것이다.

이 당시 당통을 비롯한 상당수 의원들은 프랑스의 혁명적 업적을 보존하고 프랑스가 발전하기 위해서는 유럽의 열강들과 평화회담을 개최해야 한다는 생각을 가지고 있었다. 그러나 그러한 견해를 국민공회에 공식의제로 상정시키지 못했는데 그것은 당시 국민공회의 분위기에서 비롯된 것이라 하겠다. 만일 어떠한 인물이 국민공회에서 그러한 제의를 했다면 그는 즉시 국가반역자로 몰려 처형되었을 것이다.

1793년 초부터 대불동맹에 참여한 국가들의 압박은 보다 강화되었다. 이러한 때 프랑스 최고의 장군이었던 뒤무리에(C.F.Dumouriez)가 국민공회의 실책을 비난하면서 파리로의 진격을 시도했다.[53] 그러나 그의 군대가 명령을 따르지 않았고 그것은 그로 하여금 오스트리아로 망명하게 하는 요인이 되었다. 거의 같은 시기 쿠스틴(A.P. Custine)의 프랑스군은 연합군의 군사적 공세로 라인 좌안으로부터 철수해야만 했다. 이러한 상황으로 프랑스 내에서는 위기감이 고조되었을 뿐만 아니라 상퀼로트의 과격화현상도 가시화되기 시작했다.[54]

1793년 3월초 국민공회에 대한 반란이 프랑스의 서부 및 남부

---

53) 이 인물은 1792년 11월 초 제마프(Jemappes)에서 오스트리아군을 격파했다.
54) 군부가 왜 국민공회에 대해 반란을 일으켰을까?
　①군부에 대한 혁명정부의 배려가 미약했는데 그것은 군수품의 조달이 제대로 이루어지지 못한데서 확인할 수 있다.
　②새로 도입된 모병제도는 혁명에 참여한 시민 계층을 징집대상에서 배제시킨 문제점을 가지고 있었다. 즉 30,000명에 달하는 사람들을 징집하면서 시민 계층을 징집대상에서 배제시켰던 것이다.

지역, 즉, 노르망디(Normandie), 브르타뉴(Bretagne), 보르도(Bordeaux), 마르세유(Marseille), 투울(Toul), 그리고 리옹(Lyon)에서 발생했다. 이러한 소요의 중심지는 방데(Vendée)였고 여기에는 농민 계층과 시민선서를 거부한 성직자들이 대거 참여했다. 소요의 과정에서 왕정체제가 옹호되었을 뿐만 아니라 국민공회의 종교정책에 대한 강력한 비판도 제기되었다. 아울러 모병제도의 문제점도 거론되었다.

이 부분을 취급한 몇몇의 논문들은[55] 이러한 반란을 '도시와 지방간의 분쟁 내지는 충돌'이라는 측면에서 분석했다. 즉 이들 논문들은 첫째, 혁명정부가 도시의 시민 계층만을 배려했다는 것. 둘째, 혁명정부가 지방민에 대한 중과세정책을 지속적으로 펼쳤다는 것. 셋째, 시민병 들이 농민들의 불만을 무력으로 진압했다는 것. 넷째, 지방민들이 관료주의체제에 대해 불만을 가졌다는 것을 폭동의 주된 요인으로 제시했다. 국민공회는 폭동에 참여한 사람들에게 사형선고를 내리는 등의 강경조치를 취했으나 폭동은 바로 진압되지 못했다.

이러한 시기에 물가폭동현상이 재현되었다. 그러나 지방과 도시에서의 상황은 판이하게 진행되었다. 이 당시 지방의 노동자들은 노동의 대가로 매일 20 수(Sous)를 받았다. 그리고 500g의 빵을 사기 위해서는 6-8 수를 지불해야만 했다. 이에 반해 파리의 노동

---

55) P.Bois, Les paysans de l'ouest(Le Mans, 1960);M.Faucheux, *L'insurrection vendeenne de 1793. Aspects economiques et sociaux* (Commission d'histoire economique et sociale de la Revolution, Memoires et documents 17)(Paris, 1964); Ch.Tilly, *The Vendee* (Cambridge, 1964).

자들은 40 수 이상을 벌었고 빵 값도 지방의 절반 수준에 불과했다. 그럼에도 불구하고 파리의 상퀼로트들은 구체제의 잔재제거, 재고품의 강제몰수, 최고가격제의 도입, 그리고 아시냐의 강제통용 등을 강력히 요구했다. 이러한 요구에 대해 국민공회는 부정적인 시각을 보였다. 로베스피에르[56] 역시 상퀼로트의 이러한 요구에 대해 동의하지 않았다.

상황이 이렇게 전개됨에 따라 1793년 5월 31일 파리 코뮌은 지롱드파를 제거시켜야 한다는 확신을 가지게 되었고 그것을 구체화시키기 시작했다. 이들은 국민공회에 침입하여 지롱드파 지도자들을 체포하려고 했다. 이에 따라 상당수의 지롱드파 의원들은 지방으로 피신했다. 파리에서 주도권을 장악한 상퀼로트는 '감시위원회'와 '혁명대대(Bataillone)'를 구성했다. 그리고 이들 계층은 점차적으로 자코뱅에서 시민 계층을 배제시켰을 뿐만 아니라 반혁명세력의 신속한 구속과 그들을 재판할 수 있는 혁명재판소의 설치도 관철시킬 수 있었다. 아울러 이들은 최고가격제의 도입과 아시냐의 강제통용도 현실화시켰다.

로베스피에르는 순찰위원(Representants en mission) 80명을 지방으로 파견하여 지방 통치위원회를 주도하게 했다. 선출된 순찰위원회의 대다수는 로베스피에르의 추종자들이었다. 이 당시 로베스피에르는 루소가 '사회계약론'에서 제시한 이상을 반드시 실현시킬 수 있다는 확신을 가지고 있었다. 그에 따르면 인간의 본성은 선

---

56) 로베스피에르는 자유시장경제원칙을 추종했다.

하며 정의의 법칙이 그 마음속에 새겨져 있다는 것이다. 따라서
그는 국민들이 사회전체의 의사가 무엇인지를 파악할 수 있는 능
력을 가졌을 뿐만 아니라 도덕 공화국의 건설도 바라고 있다는 주
장을 펼쳤던 것이다.

　　"만일 내가 이러한 희망을 포기한다면 신은 나에게 포기하
　　지 말 것을 요구할 것이다."

이후 혁명 정부는 대대적으로 반혁명 인물들을 색출하는데 주력
했고 그 과정에서 300,000-500,000명에 달하는 사람들을 체포했
다.57)

국민공회는 1793년 6월 23일 '93년 헌법을 공포했는데 거기서는
일반 선거제의 도입, 노동권 및 생존권의 보장, 실업자와 병약자에
대한 공공지원책 마련, 망명 귀족의 재산몰수, 봉건적 공납의 무상
폐지, 그리고 권력 분립 등이 거론되었다.

공안위원회의 주도로 진행된 공포정치는 일부 혁명사가 들로부
터 당위성을 부여받았는데 그것은 공포정치가 사회적으로 동화될
수 없던 요소들을 제거했다는 것과 민족적 감정을 강화시켰다는데
서 비롯된 것 같다.

1793년 7월 당통이 산악당으로부터 탈당한 후 이 당은 로베스피
에르에 의해 주도되었다. 로베스피에르는 상퀼로트의 정치적 또는
경제적 요구들을 수렴했는데 그것은 국민공회에서 평원파가 다수

───────────────

57) 1793년 여름부터 본격화되었던 이러한 색출작업은 1794년까지 지속되었다.

를 차지했기 때문이다. 이 당시 로베스피에르는 상퀼로트의 지지를 상실할 경우 그 자신의 몰락도 피할 수 없다는 사실을 잘 알고 있었다.

1793년 7월 17일 로베스피에르는 봉건적 잔재를 완전히 철폐시켰다. 즉 그는 지주들에 대한 농부들의 조세를 무상으로 폐지시켰는데 그러한 조치는 구체제의 기본적 통치골격을 붕괴시킨 것으로 볼 수 있을 것이다.

아울러 혁명정부는 1793년 여름부터 1794년 초까지 망명귀족 및 프랑스 내 혐의자들의 몰수 토지를 '작은 구획의 토지(Parzelle)'들로 나누어 농민들에게 유상분배 했는데 그것은 혁명에 대한 농민계층의 관심을 유발시키기 위해서였다.

1793년 8월 23일 징병제(Levee en masse)가 선포되었다. 그리고 여기서는 18세부터 40세까지의 미혼 남성들이 반드시 군에 입대해야 한다는 것이 명시되었다.[58] 이러한 조치로 프랑스는 백만의 병력을 소유하게 되었고 그것은 대불동맹에 참여한 국가들의 병력보다 많은 수였다. 그리고 이러한 대규모의 병력은 금속 및 섬유산업의 활성화를 촉발시켰다. 이후 어스(L.Hoche)나 저르당(J.B.Jourdan)과 같은 30세 미만의 유능한 장군들도 배출되었는데 그것은 진급에서 선임제대신에 능력을 우선시했기 때문이다.

1793년 9월 17일 공안위원회(comité de salut public)가 설치되었다.

---

58) 이 당시 여성들은 텐트나 의복을 만들거나 공공병원에서 일을 해야만 했다. 그리고 아이들 역시 낡은 천들을 이용하여 붕대를 만드는 일에 참여했다.

이 위원회에는 로베스피에르, 생 쥐스트(Saint-Just)[59], 쿠통(Couthon), 카르노(L.Carnot), 생탕드레(Saint-Andrée), 레 푸리에뤼(Les Prierus), 비요-바렌(Billaud-Varenne), 콜로 데르브아(Collot d'Herbois), 랭데(Lindet), 바레르(Barère), 그리고 에로 드 세�(Hérault de Séchelles) 등이 참여했다.[60] 이 위원회는 과거의 악습 및 부조리를 제거하고 민주적 도덕공화국의 건설을 최우선 과제로 설정했다. 공안위원회가 설치된 이후 35,000−40,000 명이 처형되었고, 300,000−500,000 명 정도가 투옥되었다.[61] 특히 처형된 사람들 중의 15%는 파리에서 목숨을 잃었고 나머지는 지방에서 생을 마감했다. 희생자들의 사회적 신분을 살펴볼 경우 모든 계층이 다 포함되었다는 사실도 확인할 수 있다. 이들 중에서 성직자와 귀족 계층이 차지하는 비율은 15% 정도였고 나머지는 제 3계층이었다.

---

59) 기병장교의 아들로 태어난 이 인물은 20대 초반부터 혁명적 이념에 심취했다. 생 쥐스트는 평등하고 덕치주의적인 공화국을 주장함으로써 민중의 우상으로 부각되었다. 아울러 그는 자신과 로베스피에르의 정적이었던 지롱드파, 에베르파, 그리고 당통파를 숙청하는데 결정적 역할을 담당했으며 유명한 방또즈법(décrets de ventôse)의 초안도 마련했다.

60) 공안위원회는 혁명정부의 주축으로 사실상의 행정부역할을 담당했다. 그리고 이 공안위원회에 참여한 인물들의 대다수는 산악파에 소속된 정치가들이었다.

61) 아래에 해당되었던 사람들은 처형 및 체포대상이었다.
　①자신의 생계방법이나 공민적 의무수행을 증빙할 수 없는 자
　②각 자치기구와 위원회에서 발급한 '공민증'을 소유하지 못한 자
　③정직이나 파면을 당한 후 복직되지 못한 자
　④망명자의 친척
　⑤혁명에 대해 지속적으로 열의를 보이지 않는 자들과 그들의 친척
　⑥파리의 식량공급을 방해하거나 또는 공화국에 식량결핍을 유발시킨 자
　⑦국민을 혼란·분열시키기 위해 허위 보도를 유포하는 자

로베스피에르는 1793년 9월 29일 상퀼로트의 요구에 따라 최고가격제 및 최고임금제(maximum général:1790년을 기준)를 도입했다. 여기서는 특히 최고가격제를 적용할 품목 및 그 시행세칙이 자세히 언급되었다.

최고가격제로 지정된 품목은 설탕, 종이, 식용유, 꿀, 버터, 가죽, 소고기, 납, 철, 포도주, 맥주, 소금, 비누, 담배, 옷감(면, 비단), 그리고 신발 등이었다. 그리고 상인들의 이윤범위도 구체적으로 명시되었는데 도매의 경우는 5%, 소매의 경우는 10%의 이윤이 보장되었다.

이제 농민들은 자신들의 생산물을 정부가 제시한 가격으로 시장에 출하시켜야만 했다. 그리고 군대와 시민들이 필요로 하는 것들은 '징발'을 통해 공급하게 되었고 정부조치에 응하지 않을 경우 강력한 처벌도 받도록 했다.[62] 여기서 상퀼로트는 로베스피에르에게 대규모영지의 분배와 시민재산의 균등화도 요구했다. 그러나 혁명정부는 이러한 요구에 대해서는 부정적인 반응을 보였다.

여기서 상퀼로트 계층에 대해 보다 구체적으로 살펴보도록 한다. 이 계층에 대한 연구들에서 다음의 사실들이 밝혀졌다.[63]

---

62) 경작자와 상인들이 최고가격제를 위배했을 경우, 초범은 6년형, 재범은 사형에 처해졌다.

63) G.Rudé, "the Outbreak of the French Revolution", in: E. Schmitt (Hrsg.), *die Französische Revolution*(Köln, 1976); A.Soboul, *die grosse Französische Revolution* (Frankfurt/M, 1973)

상퀼로트라는 용어는 산악파를 지지하는 파리의 시민들, 특히 생 탕트완(Saint-Antoine)과 생 마르셀(Saint-Marcel)교외의 거주민들을 지칭하기 위해 1792년부터 사용되기 시작했다. 에베르는 상퀼로트를 다음과 같이 언급했

첫째, 이들 계층에서 공장 노동자들이 차지하는 비율은 극소수에 불과했고 수공업자 또는 영세 사업자들이 대다수를 차지했다. 그리고 일부 실업자들도 가세했다.

둘째, 상퀼로트 계층은 기아 때문에 형성된 계층이다.

셋째, 이들 계층이 지향하는 것은 임금인상 및 노동의 가치를 인정받는 것이 아니라 국민들에게 최소한의 생존권을 보장하는 최고가격제를 도입하는 것이었다.

넷째, 사유재산권을 부정한 것이 아니라 그것의 제한을 강조했다.

다섯째, 도덕성을 강조한 집단이었기 때문에 술집과 카지노의 완전 철폐를 지향했다.

여섯째, 국민들이 직접 정치활동에 참여하는 것을 요구했다.

이 당시 국민공회는 종교적 자유도 인정하지 않았다.[64] 따라서 가톨릭 신자들에 대한 박해가 광범위하게 진행되었다. 프랑스의 교회는 폐쇄되었고 종교적 우상들도 파괴되었다. 1793년 11월에는 이성교가 창시되었고 그것을 위한 축제가 노트르담 교회에서 진행되었고 12월에 가서는 상퀼로트 계층에게 만족을 주기 위해 그 동안 허용했던 종교적 자유마저 박탈했다. 아울러 국민공회는 공화국달력을 제정했는데 그 주된 목적은 인간의 마음으로부터 주일,

---

다.

"상퀼로트보다 더 가치 있는 사람들은 없다. 그들은 우리가 입는 옷감을 만들고 금속을 가공하며 공화국의 방위를 위해 무기를 만들고 있다. 우리는 이들로부터 미덕과 애국심을 발견할 수 있다. 따라서 이들이 없었다면 혁명은 이미 실패했을 것이다."

64) 이러한 정책은 상퀼로트 계층의 요구에서 비롯되었다.

성자일, 그리고 크리스마스와 부활절 같은 휴일의 기독교적인 순환을 지워버리려는 것이었다.65)

1793년에 접어들면서 자코뱅파의 분열 조짐이 가시화되기 시작했다. 에베르(J.R.Hebert:Marat, Enrages)는 테러를 지지했고, 산악당의 지도자 들을 평민과 동등권의 적으로 간주했다.66)

이 당시 당통은 프랑스의 안정을 위해 대불동맹에 참여한 국가들과 개별협상을 펼쳐야 한다는 견해를 가지고 있었다. 로베스피에르 역시 그러한 당통의 입장에 동조했다. 그러나 이들 사이에는 좁힐 수 없는 의견차이가 있었는데 그것은 테러행위의 종식이었다.67)

---

65) 혁명력은 한 달을 30일로 하고, 10일을 1주로 했으며, 연말에 남은 5일은 휴일로 정했다. 월명은 그 달의 기후와 계절적인 특징을 고려했다. I. 가을: 방데미에르(Vendémiaire:포도의 달), 브뤼메르(Brumaire:안개의 달), 프리메르(Frimaire:서리의 달), II. 겨울: 니보즈(Nivŏse:눈의 달), 플뤼비오즈(Pluvŏse:비의 달), 방토즈(Ventŏse:바람의 달), III. 봄: 제르미날(Germinal:맹아의 달), 플로레알(Floréal:꽃의 달), 프레리알(Prairial:목장의 달), IV. 여름: 메시도르(Messidor:보리의 달), 테르미도르(Thermidor: 열의 달), 프뤽티도르(Fructidor:열매의 달).

66) 에베르는 언론가 출신으로 파리코뮌의 관료였다.

67) 당통과 로베스피에르에 대한 사학자들의 평가를 종합하기로 한다.
로베스피에르는 당통을 비난했는데 그러한 비난은 첫째, 그가 부패해졌다는 것. 둘째, 그가 왕의 생명을 구하려는 시도를 펼쳤다는 것. 셋째, 그가 대불동맹에 참여한 국가들과 평화회담을 모색했다는 것에서 비롯되었다. 그러나 당통은 부채를 가진 도락자였지만 혁명에 저해되는 행위를 하지는 않았다. 그리고 그러한 저해행위를 입증하는 자료들도 제시되지 못하고 있는 실정이다. 당통은 1792년 '혁명적 프랑스'를 민족의 조직적 저항으로 구출했다. 그는 정당간의 분쟁을 조절하려고 했고 국가방위에 대해서도 혼신의 노력을 기울였다. 이에 반해 로베스피에르는 내부의 적들을 탄핵하고, 박해하는데 주력했고 광적으로 청렴성을 강조했다.

1794년 에베르파는 '성스러운 폭동'을 전개했으나 그러한 시도에 동조하는 세력을 국민공회 내에서 확보할 수가 없었다. 이 당시 에베르파는 사회주의노선을 지향했는데 그러한 것은 이들이 사유재산을 부정한데서 확인할 수 있다.

1794년 3월 에베르를 처형한 후, 로베스피에르는 3월 30일 당통을 비롯한 그의 혁명적 동료들도 구속했다. 그리고 이들에 대한 약식 재판을 끝낸 후 로베스피에르는 시민적 자유주의 체제로 즉각 회귀했는데 그것은 그 자신을 위협할 인물이 프랑스에 더 이상 존재하지 않는다는 확신에서 비롯되었다.[68] 따라서 로베스피에르는 그 동안 견지한 경제정책의 기본적 골격을 무시하는 칙령을 발표했다. 그것의 중요한 내용들을 살펴보면 ①상품의 가격 통제 및 재고감시를 철폐한다. ②상품의 가격상승을 인정한다. ③외국과의 교역을 허용한다. ④파리 지역의 노동자 임금을 강제적으로 삭감한다 등이었다.

이러한 조처로 임금노동자들의 생활수준은 급격히 나빠지게 되었다. 따라서 노동자들은 로베스피에르의 경제정책을 비난했고 나아가 그것의 철회를 요구하는 집회도 개최했다. 이에 혁명 정부는 혐의자들을 체포하는 강경책으로 대응했다.

이후에도 로베스피에르는 공포정치를 고수했는데 그것은 이 정치만이 현실적 상황에 대처할 수 있다는 자신의 판단에서 비롯된 것 같다. 이에 따라 1,285 명에 달하는 사람들이 처형되었는데 이

---

68) 당통은 4월 5일 처형되었다.

들 중의 상당수는 혁명에 적극적으로 관여했던 인물들이었다.69)

상황이 이렇게 전개됨에 따라 국민공회와 군부 내에서 반대 세력이 규합되기 시작했다. 이들 세력은 1794년 7월 27일 로베스피에르를 국민공회에서 추방하기로 결정했고 그에게 변호의 기회도 주지 않았다. 국민공회의 이러한 시도는 그 동안 독재자의 강요로 침묵 내지는 동의만 했던 입법기구가 다시 정상적인 활동을 펼치기 시작한 것으로 볼 수 있을 것이다. 이에 따라 로베스피에르는 이전에 그를 지지했던 프랑스 국민과 파리 자치위원회의 도움을 얻으려고 했다. 그러나 그의 이러한 기대는 불가능했는데 그것은 자신이 펼친 정책, 즉 비사회적 경제정책, 파리자치위원회에 대한 통제, 그리고 공포정치의 강도심화에서 비롯되었다 하겠다.

전체 48구중에서 단지 16구만이 로베스피에르를 지지하기로 결정했다. 이러한 결정은 로베스피에르의 기대에서 크게 벗어난 것이라 하겠다. 바라(Paul Baras)의 국민공회군은 로베스피에르를 체포했고 이 과정에서 로베스피에르는 하반신을 잃었다.

1794년 7월 28일 로베스피에르와 그의 추종자 21명이 재판 및 판결의 과정 없이 전격 처형되었다. 당시 이러한 절차에 대해 이의를 제기했던 정치가들은 아무도 없었다.

---

69) 이 시기를 지칭하여 '대공포시기'라 한다.

4. 결과 및 후속상황

로베스피에르와 그의 핵심세력이 제거된 이후에도 프랑스의 상황은 크게 변하지 않았다 70). 즉 프랑스는 대불동맹에 참여한 국가들과 전쟁을 계속했던 것이다. 아울러 국민공회의 권위 역시 손상되지 않았을 뿐만 아니라 경제적 상황 역시 호전되지 못한 상태였다.71) 점차적으로 국민공회는 지롱드파에 의해 운영되기 시작했다. 여기서 '9인 평의회'가 구성되었는데 이들 대다수는 로베스피에르와 당통의 추종자들이었다. 얼마 안 되어 이들은 중도적 시민계층과 상퀼로트로부터 비난을 받기 시작했는데 그것은 국민공회가 극단적인 테러주의자들만 처형하려는 의도를 보였기 때문이다.

이 당시 프르롱(Louis Freron)은 자코뱅파와 그의 추종세력들에 대한 처벌강화를 강력히 요구했다. 프르롱(에베르파와 당통파도 참여)을 추종한 계층은 상류 및 중류계층출신의 젊은이들이었다. 아울러 상당수의 연극배우, 가수, 문인 등도 프르롱의 입장을 지지했다. 이들은 '마디 많은 지팡이'를 가지고 다녔는데 그것은 주로 자코뱅파를 체포하는데 활용되었다. 그리고 이들은 우아한 옷, 구레나룻(Kotelette),그리고 산발된 머리카락 등으로 자신들을 특징지으려고 했다.72) 국민공회는 이들의 이러한 행동에 대해 방관적인 입

---

70) 파리 시민들은 거리로 나와 노래를 부르고, 춤을 췄다. 아울러 교도소에 감금된 사람들은 석방되었다.
71) 국민공회에서 로베스피에르의 측근만이 제거되었을 뿐이다.
72) 이들은 자코뱅 클럽을 폐쇄시키는 조치를 취했을 뿐만 아니라 선서파성직

장을 취했지만 점차적으로 군부의 개입을 요구하게 되었다.

백색테러는 프랑스 남동부 지역에서 집중적으로 자행되었는데 커브(R.Cobb)[73]는 그것을 다음과 같이 언급했다.

"테러는 종종 같은 폭행자에 의해 자행되었다. 즉 이들은 이미 공포정치의 도구로서 활용된바 있었고 로베스피에르가 실각한 이후에는 잠재적 형집행자로 국민에게 다시 나타났다."

이 당시 도시 주민들의 경제적 상황은 이전보다 훨씬 열악해졌는데 물가가 급등한 것과 화폐의 가치, 즉 아시냐의 가치가 액면가의 5%로 급락한 것이 그 주된 요인이라 하겠다.[74] 그리고 이러한 경제적 상황은 임금노동자, 수공업자, 소상인, 그리고 연금수혜자들에게 큰 타격을 가져다주었다. 이에 따라 이들은 1795년 4월 1일 '1793년 헌법' 시행을 요구했지만 혁명정부는 무력으로 대응했다. 1795년 5월 20일 다시금 폭동이 발생했는데 폭동참여자들은 국민공회가 개최되던 건물에 진입하여 한 명의 의원을 살해했다. 이에 9인 평의회는 국민군과 파리주둔군의 일부를 투입시켜 폭동을 진압했다. 폭동이 진압된 후 폭동에 관련된 국민공회의 의원들이 재판에 회부되었는데 그들의 대다수는 산악당에 소속된 정치가들이었다.[75] 여기서 중요한 몇 가지 사실들을 확인할 수 있는데

자 및 국유재산취득자들도 추적했다.
73) A.Cobb, *Terror and subsistances* 1793-1795(Paris, 1965)
74) 1795년 혁명정부는 최고가격제도를 폐지했다.
75) 36명의 의원이 사형선고를 받았다

첫째, 좌파정치가들이 1830년까지 혁명적 소요에서 아무런 역할도 담당할 수 없게 되었다는 것, 둘째, 시민계층이 권력의 핵심으로 등장했다는 것, 셋째, 군부가 혁명에서 결정적 변수로 등장했다는 것이다.76) 이후 9인 평의회는 자유주의 이론에 입각한 정책을 펼치기 시작했다. 아울러 9인평의회는 좌파정치세력과 정치가들을 제거하기 시작했을 뿐만 아니라 통제교역 및 가격통제도 폐지시켰다.

이러한 때 루이 16세의 아들이 1795년 10세 나이로 죽게 됨에 따라 루이 16세의 형이었던 루이 17세는 왕정체제의 복고를 강조했을 뿐만 아니라 왕의 처형에 가담한 인물들의 즉각적인 처벌도 요구했다. 이러한 요구는 왕정과 혁명세력간의 타협가능성을 완전히 배제시킨 것으로 볼 수 있을 것이다.

루이 17세의 왕정복귀선언이 있은 후 영국에서 결성된 망명부대가 브르타뉴에 상륙했다. 거의 같은 시기에 방데에서 폭동이 다시 발생했다. 그러나 어스 장군 주도하의 프랑스 혁명정부군은 망명부대를 포위하여 그들의 항복을 받아냈다. 항복군 들은 즉시 군사재판에 회부되어 처형되었는데 그 수가 무려 748명에 달했다.77) 그런데 처형된 군인들의 대다수는 해군장교였는데 이들은 아메리카 독립전쟁에 참여했던 전력을 가지고 있었다. 이러한 조치로 프랑스에서는 분열의 조짐을 보였는데 그것은 왕당파+중도적 공화주의파와 테르미도르파(Thermidorians)로 분류 된데서 확인할 수 있다.

---

76) 물론 좌파정치가들의 이러한 입지는 한시적으로 보아야 할 것이다.
77) 이 당시 항복군의 총수는 751명이었다.

이후 데르미도르파는 우파적 움직임에 대해 강력히 대응했다. 아울러 이들은 헌법제정 및 로베스피에르 시기 테러에 참여했던 인물들을 축출하는 것에 대해서도 관심을 보이기 시작했다.

1795년 8월 22일 93년 헌법을 대체하기 위해 새로운 헌법이 제정되었는데 거기서는 테러 및 독재자의 재출현을 막기 위한 조치로 비밀선거제의 도입이 명시되었다. 아울러 5인집행위원회와 500인회의 일부를 매년 교체한다는 것이 언급되었는데 그것 역시 독재자의 출현을 막기 위한 것으로 볼 수 있을 것이다. 500인회의 의원들은 선거인단을 통해 선출하도록 했다. 특히 여기서는 500인회 의원의 $\frac{2}{3}$를 국민공회의 의원들로부터 선출해야 한다는 조항이 명시되었는데 그것은 개혁의 방해요소로 작용하게 되었다. 1795년 헌법에서 확인되는 중요한 것들은 다음과 같다.[78]

①1793년의 헌법보다 보수적 성향이 강조되었는데 그것은 국민의 $\frac{1}{4}$정도를 차지하던 극빈자들에게 선거권을 부여하지 않은 것에서 확인할 수 있다.

②인권 및 시민권을 보다 구체적으로 명시했다.[79]

③추밀선거 제도의 도입이 거론되었다.

④권력의 분립을 보다 구체화시켰다.

⑤의회의 이원화가 가시화되었다.

---

78) 테러 및 독재자의 재출현을 막기 위해 비밀선거제가 채택되었다.

79) '폭동이 일부 국민들에 의해 시도될 때 그것은 항상 법에 저촉된다고 볼 수 있다.'라는 문구를 첨부시켜 인권 및 시민권의 허용범위를 명확히 했다.

1)원로원(250명):법률안 추인권을 가진다.

2)500인회(500명): 법률제안권을 가진다.

⑥5인 집행위원회가 정부의 운영권을 장악한다.

⑦매년 1명의 총통과 의회의원의 ⅓을 선출한다.

⑧새로이 구성되어질 의회 의원의 ⅔는 국민공회에서 선출한다.

⅔법안에 대한 프랑스인들의 반응은 매우 부정적이었다. 특히 우파 정치가들은 반의회주의적인 입장을 취하기 시작했다. 그럼에도 불구하고 이 법안은 국민 투표를 거쳐 정식법안으로 제정되었다.[80]

1795년 10월 5일 우파 정치가들이 주도한 폭동이 발생했다.[81] 여기서는 특히 언론가 들의 역할이 지대했음을 확인할 수 있다. 폭동에는 약 25,000명의 파리 시민들이 참여했다. 바레스의 정부군은 시위 군중들과 정면으로 대응했다. 나아가 파리의 위정자들은 형무소에 수감 중이었던 좌파 정치가들을 석방시켜 시위 군중들과 시가전을 펼치게 했다. 여기서 약 300 명에 달하는 희생자(사망 내지는 부상)가 발생했는데 이들의 대다수는 자유업 종사자, 토지 소유자, 관료, 그리고 연금수혜자였다. 우익 폭동이 진압된 이후 국민공회에서는 우파의원들이 폭동에 동조했다는 주장이 제기되었다.

파리 정부는 신민교육의 필요성을 인식하고 학교의 체제도 정비

---

80) 참여 유권자의 절반 정도만이 지지한 1795년 헌법은 1799년까지 헌법으로서의 기능을 발휘했다.
81) 이 폭동을 지칭하여 방데미에르(Vendémiaire)폭동이라 한다.

했다. 여기서 초등학교는 일반적이고 필수적인 성격이 부각되었고 대학교는 엘리트 계층을 위한 교육의 장으로 간주되었다.82) 특히 대학교육기관은 자연 과학과 현대어가 교육과정의 중심이 되는 대학(Ecole Centrale)과 공학계열의 대학(Ecole Polytechnique)으로 분류되어 전문가양성의 중심기구로 등장되었다.

이 시기에 박물관, 음악관, 그리고 미술관 등도 건설되었는데 그것은 남아 있는 문화재들을 보호해야 한다는 필요성이 강력히 제기되었기 때문이다.83)

95년 헌법에 따라 5인으로 구성된 총통정부가 1795년 10월 정식으로 출범했다. 그러나 이 정부는 이전 정부로부터 전쟁 및 경제적 어려움을 유산으로 물려받았다.

프랑스는 유럽 국가들과의 전쟁에서 1794년 네덜란드를 병합했고, 1795년 가을에는 벨기에를 점령했다. 1795년 4월 5일 프러시아는 프랑스와 바젤(Basel) 평화조약을 체결했는데 그것은 폴란드의 제 3차 분할에 참여하기 위해서였다.84) 이제 오스트리아는 프러시아의 이탈로 프랑스와 단독으로 전쟁을 펼쳐야만 했다. 이러한 상황 변화는 프랑스 정부로 하여금 경제적인 문제에 대해서도 관심을 가지게 하였다.

총통정부는 좌파정치가였던 바뵈프(F.N.Babeuf)와의 연계를 모색

---

82) 초등학교의 도입은 전국적으로 시행되지 못했다.
83) 이 당시 루브르(Louvre)박물관이 세워졌다.
84) 1772년부터 시작된 폴란드분할은 3차에 걸쳐 진행되었는데 프러시아, 오스트리아, 그리고 러시아가 분할에 참여했다.

했는데 그것은 총통정부가 좌파로부터의 위험보다는 우파로부터의 위험에 대해 더욱 우려했기 때문이다.85) 따라서 총통정부는 바뵈프가 간행하던 '트리뵝 뒤 푀플(Tribun du peuple: 민중의 호민관)'에 대해서도 선호적인 입장을 취했다.

이 당시 파리 시민들의 경제적 상황은 극도로 어려워졌지만 새롭게 부를 축적한 계층은 호화로운 생활을 영위할 수 있었다. 이러한 경제적 상황은 자코뱅에 대한 사람들의 관심내지는 향수를 유발시켰고 그러한 성향의 정치 단체의 결성도 부추겼다. 뿐만 아니라 총통정부 역시 이러한 단체결성에 대해 긍정적인 자세를 보였기 때문에 좌파적 정치단체의 수는 급증했다. 여기서 팡테온 클럽(Société du Panthéon)이 가장 활발한 활동을 펼쳤는데 이 단체는 좌파적 성향을 부각시켰는데 주력했을 뿐만 아니라 사회적 여론조성에도 큰 영향을 끼쳤다. 그리고 이러한 정치 조직에서 마라파, 로베스피에르파, 그리고 에베르파는 화해를 모색했다. 이 당시 팡테온 클럽을 주도한 바뵈프는 사유재산에 대해 부정적인 시각을 가지고 있었다.86) 여기서 그는 각 개인의 능력 때문에 토지의 일정한 분배는 일시적인 평등만을 보장할 뿐이라는 견해를 제시했다. 따라서 그는 사유재산의 폐지를 주장했을 뿐만 아니라 재산을 공동으로 관리할 수 있는 기구의 설립도 요구했다.87) 그리고 그는

---

85) 바뵈프는 1760년 생캉탱(saint-Quentin)에서 염세징수자와 하녀사이에서 태어났다.
86) 이 당시 수천 명이 팡테온 클럽에 가입했다.
87) 바뵈프가 구상한 새로운 사회는 화폐 및 사적교역도 허용하지 않는 물자공동체(Communauée des biens)였다.

이 기구를 통해 필요한 생활비를 프랑스인들에게 균등하게 제공해야 한다는 견해도 제시했다(Manifeste des plébéiens: 1795. 11.30).[88]

바뵈프의 이러한 선언이후 총통정부는 팡테온 클럽의 활동을 정지시켰다. 이에 따라 1796년 바뵈프의 모반시도가 있게 되었고 그것에 대한 총통정부 구성원들의 의견 및 처리방안은 각기 달랐다. 우선 바레스(Barres)는 총통정부에 대한 위협이 좌익보다는 우익에서 비롯된다는 확신을 가지고 있었다. 이에 반해 카로(Carrot)는 모반의 위험성을 인식하고 1796년 5월 10일 바뵈프와 그의 추종자들을 체포했다. 그리고 그는 이를 시민 계층에게 알렸고 시민계층 역시 테러회귀가 불가능하다는 사실을 인지하게 되었다. 이후 2,000명 이상의 바뵈프 추종자들이 체포되었다.

상황이 이렇게 전개됨에 따라 바뵈프의 추종자들은 9월 10일 군부를 이용하고자 했으나 그러한 계획은 성공을 거두지 못했다. 1797년 5월 바뵈프와 그의 측근들은 처형되었다. 여기서 바뵈프와 자코뱅파의 차이점을 확인할 수 있는데 그것은 바뵈프가 생산력과 노동력의 국유화를 지향한 반면 자코뱅파는 통치력을 국민의 대표기구에 이양시키는데 관심을 표명했다는 점이다.[89]

이 당시 프랑스의 경제적 상황은 전혀 호전되지 못했다. 이에

---

88) 1828년 바뵈프의 동료였던 부오나로티(F.Buonartti)가 브뤼셀에서 '바뵈프가 말한 평등을 위한 음모(Conspiration pour l'égalité, dite de Babeuf)'를 출간했는데 거기서는 바뵈프와 그의 추종자들이 펼친 공산주의적 조직활동이 집중적으로 거론되었다.

89) 바뵈프와 그의 동료들이 처형되었음에도 불구하고 파리 시민들은 별다른 반응을 보이지 않았다.

따라 구걸자 및 날치기의 수가 급증했다. 이러한 상황을 호전시키기 위해 총통정부는 국가재산을 매각하기로 결정했는데 그것은 전쟁을 가능한 한 빨리 종료시켜야 한다는 확신에서 비롯되었다. 원로원 및 500인회에서 중도파가 주도권을 장악했는데 이들 역시 전쟁을 종식시키고 평화조약을 체결해야 한다는 생각을 가지고 있었다.

프랑스 혁명의 의의는 이론적 단계에서 머물렀던 자유주의의 제 사상을 실제적 상황에 적용시켰다는데서 찾을 수 있을 것이다. 자유·평등·박애로 표현된 프랑스 혁명의 이념은 평등이라는 의미와 자유라는 것이 불가분의 관계가 있다는 것을 밝힘으로써 오늘날에도 그 중요성을 전혀 잃지 않고 있다. 법적평등에서 사회적·경제적인 평등으로까지의 개념 확대는 사회주의처럼 사유재산권을 부정하지는 않았으나 빈부차이의 소멸이 인간사회에 바람직하다는 오늘날의 사회정의구현과도 일맥상통한 것을 고려할 때 프랑스혁명의 이념은 여전히 중요하다 하겠다.

아울러 프랑스혁명은 주변 국가들의 정치적 흐름에도 영향을 주었는데 그것 또한 혁명의 의의로 제시할 수 있을 것이다.

5장. 산업혁명

1. 발생원인

산업혁명은 아메리카혁명(1776)부터 프랑스 2월혁명(1848)까지의 유럽사에서 가장 경이적인 사건으로 간주되고 있다.[1] 18세기 후반부터 19세기 전반에 걸쳐 진행된 기술적 발전은 공장제와 더불어 산업생산에서 비약적인 발전을 가져왔다. 이러한 산업적 대변화는 유럽문명의 기본적인 특성마저 변형시켰다. 현대 유럽문명의 근원은 프랑스혁명과 산업혁명에 있다 하겠는데, 전자가 개인적 자유, 주권재민, 민족주의적 애국사상 등의 원천이라면, 후자는 노동, 운수, 생활전반에 근본적 변화를 가져왔다는 점에서 큰 의의를 지닌다 하겠다.

산업 기술 및 생산적 대변화는 영국에서 시작되어 유럽전역으로 확산되었으며, 마침내 전 세계 여러 지역까지 파급되었다. 이에 따

---

1) 토인비(A.Toynbee)는 '산업혁명'이라는 용어를 최초로 사용했다.

라 공장 도시들이 세워졌고, 기차와 기선은 사람과 화물을 빨리 운송하고 대량생산이 가능한 기계들이 발명되거나 개량되었다. 아울러 새로운 계급, 즉 자본가와 노동자 계층이 등장하였다. 여기서 산업자본가들은 자본경쟁, 개인기업, 자본의 사유화, 수요공급 등의 경제원리 등을 강조했다. 이에 반해 노동자들은 사회주의이념을 실천시켜야 한다는 주장을 펼치기 시작했다.

18세기 중반부터 시작된 영국의 산업혁명은 19세기에 접어들면서 유럽대륙으로 확산되었다. 영국은 1차 세계대전이 발발하기 직전까지 신기술의 개발, 새로운 동력원의 사용, 그리고 방대한 시장지배 등으로 세계경제에서 절대적 우위를 확보했다.

18세기 말의 영국은 유럽에서 가장 부유한 국가도 아니었으며, 또 그렇게 많은 인구를 가진 국가도 아니었다.[2] 따라서 당시의 여러 가지 복합적 요인들과 거기서 파생된 상호작용 등에서 산업혁명이 시작되었다고 보아야 할 것이다.

국토의 규모가 그리 넓지 않은 영국은 자원들을 골고루 갖추고 있었다. 남동쪽의 평야는 비옥하고 생산적인 지역이며 전통적으로 주거중심지였다. 서북방면의 고지대에는 풍부한 석탄과 철이 매장되어 있으며, 거기로부터 뻗은 하천은 중세부터 수력을 제공했다. 사면의 바다는 물자수송을 용이하게 했으며 석탄과 철, 원료와 공장, 생산품과 시장을 상호 연결시켜 주는 기능도 수행했다. 또한 해외통상을 통해 인도산 면과 같은 좋은 품질의 상품들도 수입되

---

2) 산업혁명이 시작될 당시의 영국인구(잉글랜드와 웨일스)는 660만 명 정도였다.

었다. 더욱이 18세기 후반부터 영국은 운하나 지방도로 등을 크게 확장시켰는데 그러한 정책은 운송수단을 획기적으로 개선시키는 계기가 되었다. 아울러 영국은 유럽대륙과는 달리 국내통상을 저해하는 내국관세제도를 1707년에 폐지시켰으며, 전국적으로 통일된 화폐제도와 상법을 운용하고 있었다.

영국의 산업화를 촉진시킨 요인으로는 숙련된 기술과 비교적 높은 생활수준을 들 수 있을 것이다.3) 중세 이후 축적된 수공업 기술은 새로운 공장체제에도 쉽게 적응할 수 있었다. 영국의 유산계층 및 상류계층 역시 혁신과 개선에 용이하게 대응했다. 장자상속제도하에서 귀족의 자제들은 자신들에게 적합한 직업을 선택했으며, 그들은 자신들의 토지를 자본화시켜 기업가가 되기도 했다. 한마디로 풍부한 자본은 극히 유동적인 상태 하에서 투자처를 확보하게 되었으며, 기업가의 진취성은 그것을 더욱 자극했다.4) 18세기 후반부터 영국 정부가 이러한 유산계층의 기업진출을 장려한 것 역시 산업혁명의 유리한 조건이 될 수 있었다.5) 더욱이 영국 정부는 해외식민지 확보를 적극 장려했으며, 대외정책은 영국의 상업적 이익에 부응시켜야 한다는 원칙 하에서 펼쳐졌다. 이 당시 영

---

3) 이 당시 영국인들의 구매력은 유럽에서 가장 높았다.
4) 이 당시 국민총생산의 6% 정도가 산업시설확충에 투자되었다.
5) 아울러 영국 정부는 사유재산권을 보호했을 뿐만 아니라 경제활동에 위해적 요소로 작용되었던 독점, 특권, 길드 등도 최대한 억제시켰다. 또한 영국 정부는 귀족의 세습제를 폐지하고 소유액에 따라 귀족의 직위를 획득할 수 있는 제도도 마련했다. 이 당시 귀족이 될 수 있는 최소한의 재산소유조건은 5천 파운드(pound)였다. 이러한 제도를 활용한 대표적 인물로는 윌리엄 피트(W.Pitt)수상을 들 수 있다.

국정부는 식민지를 해외원료공급지 및 시장으로 간주했으며, 1780년에 이르러 세계통상의 중심지로 부각되었다.

2. 진행과정

영국의 산업혁명은 면방업과 광업에서 시작되었다. 원래 면방직은 영국의 전통적인 산업은 아니었다. 면방직의 세계적 중심지는 인도였으며, 17세기 영국의 동인도회사가 면직물을 영국에 공급하기 전까지 그것에 대한 수요 역시 미미했다. 그러다가 인도산 면직물 칼리코(calicoes)가 수입됨에 따라 중류층이나 하층민까지 이 직물을 사용하게 되었고 그것은 모직공업과 더불어 면직공업을 활성화시키는 계기가 되었다.6)

18세기 초의 면직업계는 다른 분야와 마찬가지로 수공업체제에서 벗어나지 못했다. 그러나 18세기중반부터 기계가 발명되거나 개량되어 산업 활동에 사용되기 시작했다. 이러한 기계는 생산을 크게 증대시키는데 활용된 기계, 동력원을 강화시키는데 사용된 기계 등으로 나눌 수 있을 것이다. 먼저 1733년 란카샤(Lancashire)의 직포공이었던 케이(J.Kay; 1704−1764)는 비사(flying shuttle)를 발명하여 직조속도를 증대시켰다.7) 즉 10명의 방적공이 생산하는 모

---

6) 면직물은 모직물보다 값이 저렴하고 세탁하기에도 편리했다.
7) 케이의 발명품은 핸들을 좌우로 돌리면 배 모양의 홈이 스프링처럼 튀는 동시에 씨줄을 졸라매는 베틀의 몸통부분도 움직이기 때문에 한 손으로 핸들을 돌리면서 베를 짤 수 있는 특징을 가졌다.

사를 한 사람의 직공이 다 써 버릴 정도였으므로 비사의 보급은 방적기의 개량도 요구하게 되었다. 하그리브스(J. Hargreaves)는 1768년 제니방적기(spinning jenny)를 발명했는데 그것은 한 사람의 방적공이 8가닥의 모사를 동시에 방적할 수 있는 고성능의 것이었다.8) 그러나 이 제니방적기는 값싸고 속도가 빠른 장점을 가지고 있었지만 실이 고르지 못하고 거칠게 뽑혀 나오는 단점도 가지고 있었다. 1769년 아크라이트(R.Arkwright; 1732-1792)는 수력을 이용하여 면사의 대량생산을 가능하게 했고 그것은 수공업체제를 공장 제체제로 전환시켰다.9) 1784년 크럼프턴(S.Crompton; 1753-1827)이 제니방적기와 수력방적기의 장점을 합친 뮬(mule)방적기를 만들었는데 그것은 방적기술을 크게 향상시키는 계기가 되었다. 이러한 개량으로 면사는 견고하고 가늘게 만들어 질수 있게 되었으며 무명천이나 흰 삼베 손수건지 등의 직포생산도 가능하게 했다.

이렇게 방적 기술이 향상됨에 따라 직조기술의 보완도 요구되었는데 그 이유는 생산된 면사를 다 직조할 수 없다는 데서 비롯된 것 같다. 곧 동력사용이 가능한 방적기(power loom), 즉 역직기가 등장했는데, 그것은 1785년 카트라이트(E. Cartwright;1743-1823)가 특허권을 획득한 기계였다.10)

방적 및 직조에서 생산속도의 향상 및 대량생산이 가능해 짐에

---

8) 제니방적기는 점차 개량되어 80가닥의 모사를 동시에 뽑아낼 수 있게 되었다.
9) 아크라이트는 1785년 자신이 취득한 특허권을 박탈당했다.
10) 그러나 카트라이트의 역직기는 1820년대 초부터 본격적으로 보급되기 시작했는데 그 이유는 초기 역직기의 기술적인 결함보다는 직업을 잃을 것을 우려한 수직공 들이 역직기의 보급을 강력히 반대했기 때문이다.

따라 면사원료인 면의 생산증대도 요구되었다. 그러나 문제는 손으로 면화씨를 직접 떼어내야 한다는 점에 있었다. 아무리 숙련된 노동자라 하더라도 1일 2.5 내지 3 킬로그램 이상의 분리작업을 할 수 없었으므로 면화씨의 분리는 면사의 충분한 공급과 밀접한 관계를 가지게 되었다. 1793년 미국의 휘트니(E.Whitney; 1765-1825)는 조모기(cotton gin)를 발명하여 이 문제를 해결했다. 조모기의 등장으로 노동자 한 사람이 500 킬로그램의 면화를 다룰 수 있게 되었다.11)

방직업이 기계화됨에 따라 동력개량도 뒤따르게 되었다. 1712년 뉴커먼(T.Newcomen; 1663-1729)이 증기팽창과 응축과정을 이용한 피스턴 엔진을 고안했다. 그의 증기기관은 탄광 갱내의 물퍼내기에 이용되었으나, 결과적으로 석탄증산에도 기여했다. 그러나 뉴커먼의 증기기관은 석탄소모가 많았으므로 일반 공장에서 실용화되기는 어려웠다. 스코틀랜드출신의 와트(J.Watt; 1736-1819)는 글라스고우(Glasgow) 대학에 근무했는데 여기서 그는 뉴커먼의 증기기관에서 확인되는 비효율성을 개량했다.12) 와트의 엔진 역시 뉴커먼의 엔진처럼 배수용 펌프로 사용되었지만 점차적으로 그 성능을 인정받아 1785년부터 모방직공업에 사용되었고 그 후에는 증기기관차 및 기선에도 장착되었다.

영국 산업혁명의 또 다른 축이었던 철강업은 영국 북부지방에

---

11) 이제 50명의 노예가 하던 일을 단 1명의 노예가 할 수 있게 되었다.
12) 1775년 와트는 자신의 동료 볼톤(M.Boulton)과 더불어 증기기관공장을 버밍엄(Birmingham)에 설립했다.

풍부하게 매장되어 있던 원광 때문에 급속한 발전을 할 수 있었다. 그러나 제련법이 원시적이었으므로 18세기까지 괄목할 만한 성장은 없었다. 이 당시 제련법은 고로제련법이었다. 고로제련법은 고로위에서 목탄과 철광석을 넣고 화로 밑에 있는 구멍을 통해 철을 얻는 방식인데 이전의 풀무법과는 달리 화로를 부수지 않아도 되었다.13) 그러나 이러한 제련법은 땔감이었던 목탄의 부족현상을 야기 시켰다. 이 당시 철 1톤을 생산하기 위해서는 목탄 14톤이 필요했다. 그리고 이 정도의 목탄을 만들기 위해서는 1.1헥타르(ha)의 삼림이 요구되었다. 이에 따라 영국의 삼림은 크게 훼손되기 시작했다. 아울러 고로제련법은 원료 및 광석의 철분으로부터 불순물을 완전히 제거하지 못하는 문제점도 가지고 있었다. 이에 따라 1709년 다비(A.Darby; 1677－1717)는 원광을 목탄으로 녹이던 종래방식을 코크스(coke)로 대체하는 새 방법을 고안했다.14) 1760년 스미튼(J.Smeaton; 1724－1792)은 송풍기를 첨가하여 다비법을 개량했고, 1780년 이후에는 와트의 증기기관에 송풍장치를 하여 효율을 더욱 증대시킬 수 있었다. 이제 사람들은 광산의 골칫거리인 갱내의 배수 문제를 해결할 수 있게 되었고 그것은 깊은 갱도에서의 작업도 가능하게 하여 생산량을 증대시키는 요인이 되었다. 1784년에는 코트(H.Cort; 1740－1800)가 불순물을 제거하여 단단하

---

13) 풀무법은 땅에 구멍을 파거나 점토 등으로 화로를 만들어 거기에 철광석과 목탄을 같이 때워 철광석에서 산소를 제거한 후 철을 얻는 방식이다.
14) 코크스는 석탄을 가공하여 만들었다. 즉 코크스는 석탄을 밀폐된 곳에 넣어 태운 다음 유황성분을 제거한 후 얻었다.

고 견고한 철을 제조하는 법을 고안했다. 즉 이 인물은 교반법과 압연법을 발명하여 나무대신 석탄을 사용하여 선철을 연철로 가공할 수 있게 했다. 교반법이란 선철을 코크스로 가열하여 죽과 같은 상태로 만든 다음 그것을 쇠막대기로 휘저어 탄소와 기타 불순물을 제거하는 방법을 말한다. 압연법이란 액체상태의 철을 철제 롤러 사이로 통과시켜 그 속에 포함된 불순물들 짜내는 공정을 지칭한다. 이후 영국의 선철(pig iron)생산량은 급증했다. 1740년 17톤에 불과했던 것이 1780년에는 68톤으로 증산되었다. 그리고 1796년에는 125톤, 1806년에는 258톤으로 생산량이 급격히 늘어났고 그러한 것은 선박·교량·도구·무기 등을 철강으로 제작하게 하는 요인이 되었다. 이 시기 석탄에 대한 수요도 급증하게 되었는데 그것은 석탄이 제철공장의 공업원료 뿐만 아니라 도시에서 가정연료로도 사용되었기 때문이다. 이에 따라 1,100만 톤에 불과했던 석탄생산량(1800)이 30년 만에 2,200만 톤(1830)으로 늘어났다.

산업혁명이 본격적인 궤도에 접어들면서 교통운송수단이었던 도로 및 운하의 개선이 본격화되기 시작했다. 1815년 스코틀랜드인 맥아담(J. McAdam; 1756−1836)이 오늘날 맥아담법으로 알려진 단순하고 혁명적인 방법으로 도로를 개량했으며, 거의 같은 시기 텔포드(T. Telford; 1757−1834)는 더욱 더 개량된 도로를 건설했다. 맥아담은 자갈들을 도로 표면에 깔고 왕래의 과정에서 그것들을 가라앉게 해 단단하고 평평하게 하는 방법을 제시했다. 텔포드는 지표아래에 큰 돌을 깔고 그 위에 맥아담공법을 첨가시켰다.

석탄에 대한 수요가 지속적으로 증가함에 따라 철도부설 및 기관차에 대한 관심이 증대되었다. 1802년 트레비식(R.Trevithick)은 조잡한 증기기관차를 만들었으나 그것을 실용화시키지는 못했다. 1825년 9월 27일 스티븐슨(G.Stephenson; 1781－1848)이 만든 기관차가 스톡턴(Stockton) 달링턴(Darlington)간의 16㎞를 성공적으로 시운전했다. 5년 후 스티븐슨의 기관차 로케트(Rocket)호가 리버풀과 맨체스터간의 철도(50㎞)를 달림으로써 철도시대의 막이 올랐다.15)

해상교통도 기선이 운행됨으로써 획기적인 전기를 맞이하게 되었다. 1807년 미국의 풀턴(R.Fulton; 1765－1815)은 클러몬트(Clermont)호로 허드슨 강을 150마일이나 운행해 올라갔다. 약 30년 뒤에는 대서양 횡단노선이 캐나다 출신의 쿠나드(S.Cunard)에 의해 개설되었다.

교통의 개량은 통신의 발달도 수반했다. 미국의 모스(S.Morse; 1791－1872)가 1844년 발명한 전신이 워싱턴과 볼티모어 간에 처음으로 타전되었다. 이로부터 22년 후, 즉 1866년 필드(C. Field; 1819－1892)는 최초로 대서양에 해저케이블을 부설하는데 성공했다.

19세기 중반부터 유럽 대륙 역시 영국에서 시작된 산업화의 영향을 받기 시작했다. 그리고 그 이후에 산업화는 전세계적인 현상으로 자리 잡게 되었다. 또한 기술의 혁신 및 생산방식의 발달은 산업의 여러 분야에 파급되었고 그러한 양상은 20세기까지 지속되었다.

---

15) 리버풀과 맨체스터 사이에 철도가 부설됨에 따라 원료 및 제품이 대량으로, 싸고 그리고 짧은 시간에 수송할 수 있게 되었다.

유럽대륙의 산업화는 영국과는 달리 서서히 진행되었는데 그 이유는 정치적으로 분열되었을 뿐만 아니라 상이한 관세제도도 운영되었기 때문이다. 아울러 교통기반이 미비했기 때문에 시장은 큰 제약을 받고 있었다. 이 당시 유럽 사회는 영국보다 엄격한 계층화사회였으므로 인력이동의 신축성도 거의 없었다. 기업 활동은 소규모에 머무는 경향이 있었고 거기서 가족중심의 경영방식이 채택되곤 했다. 사람들 역시 지방귀족들의 생활을 자본주의적 기업가의 생활보다 더 높이 평가했다.

그러나 유럽 각국은 18세기말부터 19세기 초에 걸쳐 중요한 산업적 변화를 겪었다. 프랑스의 노르망디 지방과 저지대 지방에서는 면직공업이 활성화되기 시작했다. 노르망디의 루앙(Rouen)은 최대 면직공업 중심지로서 1732-1766년 사이의 생산고는 2배 이상 증대되었으며, 18세기 말에 이르러서는 영국식 기계생산도 가능하게 되었다. 견직공업은 이전처럼 노르망디의 리옹(Lyon)을 중심으로 발달했다.16) 석탄과 철의 생산도 18세기말부터 점차적으로 증가되었는데 그것은 프랑스에 공장제체제를 도입할 수 있는 계기를 제공했다. 이후부터 약 40년간 프랑스는 괄목할 만한 경제적 발전을 하게 되었다. 아울러 운하·철도 등의 교통기반이 이 기간 중에 구축되었으며 국내시장을 확대시킬 수 있는 인구 증가현상도 나타났다.17)

스위스 역시 산업화가 비교적 일찍 시작된 국가 중의 하나였다.

---

16) 프랑스의 견직공업은 콜베르(Colbert)때부터 본격화되기 시작했다.
17) 이 당시 프랑스 인구는 20%이상 증가했다.

고대로부터의 상업적 전통, 풍부한 수력 및 유럽의 남북을 연결하는 교통요지에 위치했기 때문에 스위스는 면직공업이나 그 밖의 경공업 발달에 유리한 조건을 갖추고 있었다.

1840년대에 접어들면서 벨기에는 영국 상품과 경쟁할 만큼 산업화가 이루어졌다. 적절한 정부 시책, 선진화된 운송수단, 그리고 안정된 시장 등의 요인들로 벨기에는 영국의 경제력과 맞설 만큼의 경제적 발전을 이룩할 수 있었다.

독일의 산업발전은 1815－1871년에 확고한 기반을 구축했다. 관세동맹(Zollverein)이 1833년에 결성된 이후 자유무역이 활성화되면서 산업활동이 촉진되었다.18) 영국에서 기계류를 수입한 독일은 방직공업에서 급속한 발전을 이루었으며, 1850년대 이후에는 금속공업 및 석탄생산에서도 현저한 진척을 보게 되었다. 통일 이후인 1870년대부터 독일의 산업은 급격히 팽창하기 시작했는데 그 주된 이유로 독일이 프랑스로부터 막대한 전쟁배상금을 받았다는 것과 철강산업이 활성화된 알자스-로렌(Alsace-Lorraine)지방이 독일에 편입되었다는 것을 들 수 있을 것이다.19) 아울러 인구의 급속한 증가도 독일이 선진 산업국가로 탈바꿈하는데 크게 기여했다.

이 밖에 유럽 각국, 특히 네덜란드, 스페인, 덴마크 등도 1830－1870 년 사이에 비약적인 산업발전을 성취했다. 이에 반해 러시아는 여전히 경제적 후진성에서 벗어나지 못했지만 신대륙의 미국은

---

18) 프러시아의 주도로 결성된 관세동맹으로 독일권은 경제적 단일화(Schaffung eines einheitlichen deutschen Wirtschaftsgebiets)를 구축할 수 있게 되었다.
19) 이 시기를 지칭하여 창업 시기(Gründerjahre)라 했다.

놀랄만한 산업발전을 달성했다.

3. 결과 및 후유증

영국의 산업혁명으로 시작된 경제적 변화는 사회의 여러 부분에 적지 않은 영향을 끼쳤다. 산업혁명의 과정에서 새로운 과학 기술, 투자자본의 축적, 공장노동의 조직화, 인구의 증가와 도시의 성장, 그리고 시장의 규모 및 교역의 확대 등의 새로운 양상 등이 나타났다. 그리고 이러한 것들은 19세기 후반에 접어들면서부터 더욱 가속화되기 시작했다. 즉, 자원의 이용은 보다 체계화 되었고, 인구 역시 급속히 증가했다. 아울러 교통수단은 향상되었으며 자본가들의 동의수단 역시 확장되었다. 정치가들과 산업자본가들은 산업성장을 촉진시킬 수 있는 방안들을 모색했다. 그 결과 더 많은 생산과 부를 창출했지만 급속한 사회적 변화와 거기서 파생된 문제점들에 대해서는 효율적으로 대응하지 못했다.

산업화는 지방생활의 변화를 가져왔을 뿐만 아니라 도시의 인구도 급속히 증대시켰다. 이 당시 유럽 인구의 상당수가 여전히 지방에 살고 있었지만, 도시는 그 규모 및 수에서 크게 발전했으며 유럽의 생활중심은 서서히 지방에서 도시로 옮겨지고 있었다. 이러한 변화는 생활양식, 가치관, 생활조건, 노동형태, 그리고 사회구조를 변화시켰다. 이전의 작업장들은 지방에 위치해 있었고 기계작동에 필요한 수력의 근처에 있었다. 그러나 증기기관의 발명으

로 기업가들은 더 이상 수력에 의존할 필요가 없게 되었고 그것은
대도시에 생산체제를 집결시키는 요인이 되었다. 도시에서는 교통
수단이 편리했기 때문에 원료를 구입하거나 제품을 출시할 때 경
비가 절감되었다. 이에 따라 노동자들은 도시로 집결했고 그것은
노동력의 공급을 용이하게 했다. 이 당시 런던의 인구는 13만 명,
맨체스터의 인구는 7만 명이었다. 파리는 12만 명, 빈은 40만 명의
인구를 가지게 되었다.[20]

　산업혁명은 인구의 증가 및 도시로의 이동을 초래시켰을 뿐만
아니라 사회계급의 재편성도 유발시켰다. 즉 자본을 소유하는 산
업자본가와 임금에 의존하는 노동자라는 새로운 계급이 형성되었
다. 이 두 계급 사이에는 부유하지도 빈곤하지도 않은 중간 계층,
즉 상점주·공무원·법률가·의사·교사·자작농 등이 있었다.

　새로운 산업화의 과정에서 가장 중요한 것은 공장제(factory
system)라 하겠다. 공장이란 정해진 장소에 동력, 자원, 그리고 노동
력이 효율적으로 집결됨을 의미한다. 공장은 대량의 상품을 신속
히 생산하기 위해 기계를 사용했고 작업과정에서 분업이란 방식도
채택했다. 이제 숙련과 기술이 필요했던 많은 직종에서 기계도입
과 더불어 노동자들은 하나의 자동기계의 위치로 전락했다. 노동
자들은 기계에 예속되어 그것을 보살피는 사람으로서 하루 종일
단조로운 기계의 소리와 동작에 대해 주의를 집중시켜야만 되었

---

20) 19세기에 접어들면서부터 도시로의 유입현상은 더욱 가속화되었다. 그 결
　과 영국인의 52%, 프랑스인의 25%, 독일인들의 36%가 도시에 거주하게 되
　었다.

다. 더욱이 기계의 개량은 작업의 효율성을 높이게 되었고 공장마다 더 많은 기계가 설치됨에 따라 노동자들의 임금은 계속 하락했다. 이 당시 노동자 계층의 평균월급은 2-3파운드 정도였는데 그것은 시민 계층 수입의 1/10에 불과했다. 그럼에도 불구하고 산업자본가들은 임금이 상대적으로 높은 성인 남자들 대신에 낮은 임금으로도 고용할 수 있는 어린이나 여자들을 선호했다. 이후 노동자들은 실직당하는 경우가 많게 되었고 그것은 기계를 원망하고 파괴하는 극단적인 행위를 하게끔 유도했다. 인간의 숙련기술이 기계로 대치됨에 따라, 즉 이른바 '과학기술에 의한 실업'은 이후 사회적 문제로 크게 대두되었다.

효율성과 생산향상에도 불구하고 공장제는 어려운 문제를 야기시켰다. 채광 및 조명이 제대로 되어 있지 않고 환기장치가 불충분한 공장은 위생과 안전도에 대해서도 관심을 보이지 않았다. 산업혁명 초기 영국에서는 작업 중 발생한 사고는 노동자 본인의 부주의로 간주되었고, 상해를 당한 노동자들은 공장에서 쫓겨났다. 노동환경이 좋지 않은 만큼 노동조건 역시 매우 열악했다. 단순한 노동에 장시간 종사하여 얻은 임금으로 가족의 생계를 꾸려 나갈 수 없었지만 그나마 공장노동직은 심한 경쟁의 대상이었다. 부인과 아이들까지 공장이나 탄광에서 불리한 조건으로 일을 하여야만 생활이 유지되었다. 폐질환이나 신경통 등은 이러한 비위생적 노동조건하에서 비롯된 질병이었다. 공장제하에서 가장 비참한 것은 어린이 노동자들이었다.[21] 이들은 공장이나 탄광에서 12시간 이상

이나 일을 했고 그들의 미래생활을 향상시킬 수 있는 교육은 전혀 받지 못했다.22)

산업화가 진행되는 과정에서 표출된 사회문제들 중에서 노동자들의 노동조건과 생활안정에 관한 문제가 가장 심각했다. 점차적으로 이러한 문제에 대한 노동자들의 각성은 높아지게 되었고 그것의 개선을 위한 압력단체도 조직하려는 운동이 전개되었다. 나폴레옹 전쟁 이후 영국에서는 수직노동자 및 그 밖의 노동자들의 실업률이 매우 높아지게 되었고 그것은 그들로 하여금 기계를 파괴하게 했다. 러드(N.Ludd)가 지휘한 이러한 파괴행위를 지칭하여 러드파운동(Luddite Movement)이라 했다.23)

산업혁명 초기에 노동자들의 파업이나 시위운동이 전혀 없었던 것은 아니었으나 그것들은 조직적으로 시도된 것은 아니었다. 그러나 1820년대부터 영국의 노동조합운동은 본격적으로 전개되었는데 그것은 노동자들의 조합결성을 금지하는 조합법이 철회되면서 가능했다.

---

21) 5세 미만의 아이들도 노동자로 고용되었다. 그러나 이렇게 어린 나이에 고용된 아이들의 평균수명은 17세에 불과했다.
22) 1830년 영국 하원이 설치한 '아동노동실태조사를 위한 위원회'의 보고서에서 이러한 것들이 구체적으로 언급되었다.
   '부인 및 아이들은 하루 평균 19시간 정도, 즉 오전 3시부터 오후 10시까지 일을 했다. 만일 이들이 출근시간을 어겼을 경우 임금의 ¼을 삭감 당했다.'
23) 레스터셔(Leistershire)출신 노동자였던 러드가 1779년 방직기를 때려 부순 후 그를 추종했던 노동자들이 영국 북부의 공장들을 습격했다. 러드파운동은 1811년 최고조에 달했는데 이 운동에서는 국가가 노동자문제에 적극적으로 개입해야 한다는 것 등이 강력히 제기되었다.

6장. 7월 혁명(1830)

1. 7월 혁명

1) 발생원인

루이 18세(Louis ⅩⅧ:1814-1824)는 자유주의적인 요소를 실제정치에 계속 반영시키려고 했는데 그 이유는 그가 영국의 통치체제를 하나의 이상적인 모델로 간주했기 때문이다.[1]

이 당시 프랑스 남부 지역 및 서부 지역에서는 백색테러, 즉 보나파르트파와 공화주의자들에 대한 테러행위가 자행되었는데 그것은 주로 왕당파에 의해 주도되었다.

신헌법에 따라 1815년 8월 14일부터 실시된 의회 선거에서 왕당 극우파가 절대다수의 의석을 차지했다.[2] 뒤 플레씨(Armand-Emmanuel

---

[1] 영국에서 망명생활을 했던 이 인물은 귀족원과 중의원의 양원제 의회를 허용했을 뿐만 아니라 나폴레옹 법전의 근간, 즉 종교적 관용, 법적 평등, 그리고 모든 시민의 공직취임권도 허용했다.

du Plessis)가 1815년 9월 24일 탈레랑(Talleyrand)의 후계자로 선임되었다. 취임한 직후 이 인물은 매각되지 않은 교회재산을 교회에 반환시키려 했을 뿐만 아니라 민간결혼을 인정하지 않겠다는 성명도 발표했다.

루이 18세는 1816년 9월 5일 의회를 해산했는데 그것은 승전국의 압력에 의한 것이었다.3) 이 당시 의회는 정부가 제출한 예산안을 통과시키려 하지 않았고 그것은 승전국들의 개입을 촉발시키는 계기가 되었다. 이에 따라 의회는 새로이 구성되었고 중도 왕당파가 주도 세력으로 등장하게 되었다. 이후 샤토브리앙(Chateaubriand)이 주도했던 극우세력은 점차적으로 약화되었고 자유주의자들의 세력은 상대적으로 강화되었다. 점차적으로 자유주의자들은 '독립당'이란 정당을 중심으로 단결하게 되었다.4) 이후 극우세력과 자유주의자들의 이념적 대립은 첨예화되기 시작했다.

1818년 아헨(Aachen) 회의에서 프랑스의 입지적 조건이 향상되었는데 그것은 예상하지 못한 경제적인 활성화로 전쟁보상금을 조기에 상환할 수 있었기 때문에 가능했다.

1819년 11월 20일에 출범한 드카즈(Decazes)내각은 일련의 소요

---

2) 1815년 8월 22일 종료된 선거에서 이들은 전체의석(402석)의 90%에 달하는 350석을 확보했다. 이 당시 루이 18세는 헌법을 부정하는 세력이 의회에서 주도권을 장악한 이후 정부에 대한 의회의 우위권을 주장하는 것에 대해 이해할 수 없다는 입장을 밝혔다.

3) 예산안이 의회를 통과하지 못함에 따라 승전국들은 이 문제에 개입을 시도했는데 그것은 예산안에 전쟁보상금이 포함한데서 비롯된 것 같다.

4) 여기서 콩스탕(B. Constant)이 주도적인 역할을 담당했다.

및 반란에도 불구하고 입헌적 자유주의 체제를 견지했는데 '언론의 완전한 자유보장'이 그 일례가 될 수 있을 것이다.

그러나 1820년 2월 14일 왕의 조카이며 후계자였던 베리(Berry) 공이 암살됨에 따라 극우세력이 다시 득세하게 되었다. 즉 리슐리외(Richelieu)의 주도로 비상법이 제정되었을 뿐만 아니라 선거법의 개정도 이루어졌다. 이에 따라 1820년 10월에 실시된 의회선거에서 극우파의 입지가 크게 증대되었다.

이러한 내부적인 어려움에도 불구하고 1822년 베로나(Verona)에서 개최된 회의에서 프랑스는 스페인에서 발생한 폭동진압권을 부여받았는데 그것은 프랑스가 더 이상 패전국이 아니라는 것을 우회적으로 인정한 것으로 볼 수 있을 것이다. 이에 따라 프랑스군은 1823년 스페인으로 진군하여 폭동을 진압했다.

2) 전개과정

1824년에 실시된 선거에서 자유주의자들은 그들 의석의 상당수를 상실했다.5) 1824년 9월 16일 샤를 10세(Charles X.:Altoi 伯, 루이 16세의 막내 동생으로 망명귀족들의 지도자 역할을 담당;1824－1830)는 67세의 나이로 왕위를 계승했는데 이 인물의 정치적 성향은 반동적·복고적이라 하겠다. 따라서 이 인물은 즉위즉시 몰수토지에 대한 배상을 실시하고자 했다. 즉 그는 70,000명에 달하는 망명귀족들에게 연간 3,000만 프랑에 달하는 배상금을 영구적 연

---

5) 이제 자유주의자들은 19석의 의석으로 만족해야만 했다.

부금의 형태로 지불하려고 했다. 여기서 그는 국채이자를 5%에서 3%로 인하하여 배상재원을 마련하려고 했는데 그것은 자본가 및 중산계층에게 경제적인 타격을 가져다주는 계기가 되었다. 아울러 그는 교회의 영향력을 확대시키려 하였고 거기서 성직자들을 공립학교의 교장 및 행정책임자로 임명했다.

이 당시 티에르(A. Thiers)와 기조(F. Guizot)는 프랑스 혁명의 당위성을 부각시켰을 뿐만 아니라 의회를 통한 헌법 제정의 필요성도 강력히 요구했다. 1827년의 선거에서 자유주의자들은 180석의 의석을 차지했다.6) 이에 따라 샤를 10세는 1828년 1월 5일 중도파 정치가였던 마르티낙(Martignac)을 내각 책임자로 임명하여 의회와의 타협을 모색했으나 가시적인 성과를 거두지는 못했다. 이후 샤를 10세는 의회와의 협조시도를 포기했고 그것에 따라 1829년 8월 8일 정치에 대해 문외한이고 보수적 성향의 폴리낙(Polignac)을 내각책임자로 임명했다. 상황이 이렇게 전개됨에 따라 의회는 1830년 3월 18일 '정부가 국민의 희망을 고려하지 않았다'라는 선언문을 작성하여 자신들의 불편한 심기를 표출하는데 주저하지 않았다.7) 이러한 의회의 반발에 대해 왕은 의회해산으로 대응했고 국민들의 관심을 대외적으로 돌리기 위해 1830년 5월 16일 알지에(Algier) 원정을 단행했다. 알지에 원정이 성공을 거둔 후 왕은 1830년 7월 5일 다시 의회 선거를 실시했지만 그 결과는 왕이 기대한

---

6) 이 선거에서 극우파는 70석을 차지했다.
7) 선언문작성에 동의한 의원들은 전체의석의 과반수를 초과하는 221명이나 되었다.

것이 아니었다. 새로 실시된 의회선거에서 자유주의자들의 의석은 이전보다 53석 많은, 즉 221석에서 274석으로 늘어났다. 1830년 **7**월 5일에 실시된 의회선거에서 라파예트와 콩스탕(B. Constant)주도 하의 자유주의자들이 득세함에 따라 샤를 10세는 7월 25일 의회를 해산하고 칙령을 발표했는데 그것의 중요한 내용들을 언급한다면 다음과 같다.

①출판의 자유를 엄격히 제한한다. 그리고 정부는 향후 신문발
  간의 승인권을 가진다.[8]
②투표권을 제한한다.[9]
③향후 왕만이 신헌법을 제정할 수 있다.
④의회구성을 위한 선거를 새로이 실시한다.[10]

3) 결과

샤를 10세의 이러한 조치는 파리 시민들, 특히 소시민 계층과 학생들을 격분하게 했고 그것은 샤를 10세의 퇴위를 요구하는 시

---

8) 이 부분을 언급한 칙서의 내용은 다음과 같다.
  '1814년 10월 21일 공포된 법령 제 1호의 제 1, 제 2, 그리고 제 9조의 규정을 부활시킨다. 따라서 신문, 정기간행물, 그리고 준정기간행물을 계속 출간시 키기 위해서는 취급 내용 및 지역에 상관없이 해당관청에 저작자와 인쇄자 가 각기 허가를 받아야 한다. 그리고 이러한 허가는 3개월마다 갱신되는데 여기서 규정을 위배한 간행물들은 그 출간을 취소시킨다.
9) 칙령은 선거권 부과세금 명목에서 영업세 및 창문세를 배제시켜 산업 시민 계층의 선거권을 박탈했다. 이제 부유한 토지소유자만이 투표권을 행사하 게 됨에 따라 종래 유권자의 ¾, 즉 75,000 명이 투표권을 상실하게 되었다.
10) 이 당시 샤를 10세는 의회의 정원을 대폭 축소하려고 했다.

가전을 펼치게 했다.11) 이에 따라 샤를 10세는 자신이 취했던 조치들을 철회하여 사태를 수습하고자 했으나 아무런 성과도 거두지를 못했다. 따라서 그는 영국으로 망명을 갈 수 밖에 없었다. 곧 의회는 당시 57세였던 루이 필립(Louis-Philippe: Orleans; Bourbon왕조의 방계)을 시민왕으로 추대했다.12) 1830년 8월 7일 의회는 1814년의 헌장을 충실히 준수한다는 조건으로 루이 필립의 왕위계승을 승인했다.

이러한 파리에서의 혁명, 즉 7월혁명은 메테르니히체제에도 적지 않은 영향을 가져다주었는데 그것은 정통성의 원칙과 그것을 뒷받침하던 5강체제가 붕괴되었다는 점이다.

7월 혁명 이후 루이 필립은 몇 가지의 중요한 정책을 펼쳤는데 그것들을 살펴보면 다음과 같다.

①1830년 8월 14일 신헌법을 제정했는데 거기서는 왕의 비상대권이 인정되지 않았다. 이에 반해 의회의 권한은 상대적으로 증대되었는데 그것은 의회가 독자적으로 법률안을 제출할 수 있는 권리를 부여받은데서 확인할 수 있다.

②선거권의 확대가 이루어졌다(100,000 명에서 200,000 명으로 늘어났고 최종적으로 240,000 명까지 확대되었다).13) 그럼에도 불

---

11) 7월 27일부터 29일까지 전개된 시가전에서 2,000명에 달하는 파리 시민들이 목숨을 잃었다.
12) 이 과정에서 라파예트가 주도적인 역할을 담당했다.
13) 차등선거제도의 완화로 이제 200 프랑 이상의(이전에는 300 프랑) 세금을 낸 사람들도 선거권을 행사할 수 있게 되었다. 아울러 500 프랑 이상(이전에는 1,000프랑)의 세금을 낼 경우에는 피선거권도 부여받게 되었다.

구하고 선거권을 행사할 수 있는 사람들이 전체 인구에서 차지하는 비율은 극히 미미했다.14)

③내각 책임제를 도입했다.

④정당구성을 허용했다.

⑤언론검열제도를 폐지시켰다.

그러나 7월혁명으로 시민 계층 모두가 혜택을 받은 것은 아니었다. 이 당시 루이 필립은 대 시민 계층과의 협력을 통해 국가를 운영해 나가려고 했다. 이러한 시도에 대해 중·소 시민계층의 반발이 제기되었고 그 강도는 시간이 지남에 따라 강화되었다.

프랑스 7월혁명은 주변 지역에도 영향을 끼쳤다. 특히 벨기에인들과 폴란드인들은 네덜란드와 러시아의 지배로부터 벗어나려는 독립전쟁을 펼치게 되었다.

2. 7월 혁명의 영향

프랑스에서 7월 혁명이 진행되었던 시기 영국에서는 휘그당이 정권을 장악했다. 이 당시 그레이(Grey)내각은 부패선거구가 가지는 문제의 심각성을 인식했기 때문에 1831년 3월 부패선거구 제 1차 개정안을 의회에 제출했다. 그러나 이 개정안은 토리당의 반대로 의회에서 통과되지 못했다. 이후 휘그당은 다시 의회에 개정안을 제출했고 그것은 1832년 7월 상·하 양원에서 통과되었다. 그

---

14) 이 당시 프랑스 인구는 33,000,000 명이었다.

결과 111명의 의원을 배출하던 56개 선거구의 선출권이 박탈되었고 기타 32개의 선거구가 의석 하나씩을 상실하여 거기서 생긴 총 143석의 의석이 재배정되었다. 그리하여 22개의 대도시들이 각각 2개씩, 21개의 소도시들이 각각 1개씩, 그리고 주(county)의 의석수는 거의 두 배로 늘어나게 되었다. 또 선거 자격도 확대하여 연수입 40실링 이상의 자유토지보유자(freeholder) 이외에 동산 소유자들에게도 선거자격을 부여했다. 이에 따라 유권자들의 수가 1,000,000명으로 늘어났지만 이들이 전체인구(4,400만 명)에서 차지하는 비율은 2.3%에 불과했다. 노동자들은 새로운 선거법의 개정에도 불구하고 정치활동에 참여할 수 없었는데 그것은 거액의 재산소유자에게만 참정권이 허용되었기 때문이다. 이후 노동자들은 참정권을 얻으려는 시도를 펼쳤고 그것을 지칭하여 차티스트 운동(Chartist Movement)이라 한다. 그렇다면 노동자들은 왜 선거권의 확대에 대해 관심을 보였을까? 그것은 당시 노동자들이 겪던 경제적·사회적 고통을 정치적 측면에서 해결해야 한다는 정치적 급진주의(radicalism)에서 비롯되었다 하겠다.15) 이러한 시기에 기존의 정당들도 변모를 시도했다. 즉 종래의 휘그당은 신흥자본가를 영입하여 자유당(Liberals)이 되었고, 토리당은 보수당(Conservatives)이 되었다.

벨기에는 1815년부터 네덜란드의 지배를 받기 시작했다. 그러나 통치과정에서 문제점들이 제기되었는데 그것은 언어, 종교, 그리고

---

15) 차티스트 운동에서는 보통 선거권, 비밀투표, 의원자격으로서의 재산소유 불필요, 의회회기의 정례화, 의원에 대한 세비지급 등이 지향되었다.

산업활동의 차이에서 비롯되었다 하겠다.

이러한 차이점을 배제시키기 위해 덴 학(Den Haag) 정부는 벨기에인 들에게 네덜란드화를 강요했고 그것은 벨기에 인들의 반발을 야기시키는 요인이 되었다.

프랑스에서 발생한 7월 혁명의 영향으로 벨기에서도 1830년 8월 25일 소요가 발생했다. 여기서 벨기에인 들은 네덜란드의 윌리엄 1세(William I)가 자신들의 국왕이 아니라는 것을 천명했다. 이에 따라 네덜란드의 국왕은 5국동맹에 도움을 요청했지만 각 국가가 안고 있던 문제점들로 인해 지원을 받을 수 없었다. 특히 지원가 능성이 있었던 러시아는 폴란드문제를 해결해야 했고, 프랑스는 정통성이 결여된 루이 필립 때문에 개입할 수 없었다.

1830년 11월 벨기에 인들은 국민의회를 소집하여 독립을 선언했다.16) 다음해 국민의회는 레오폴드(Leopold: Sachsen-Coburg-Gotha)공을 그들의 왕으로 선출했다. 아울러 헌법도 제정하였는데 거기서는 ①국민의 기본권을 인정한다. ②의회는 법률안 제정권을 가진다. ③의회 공개주의를 시행한다. ④지방분권주의를 채택한다. ⑤제한 선거제도를 실시한다 등이 거론되었다.17)

러시아의 니콜라이 1세(Nikolai I)의 민족정책은 그의 부친의 정책과는 차이가 있었다. 즉 그는 비러시아 민족들에 대한 박해를 가했을 뿐만 아니라 그들에게 러시아화도 강요했다. 이에 따라 폴

---

16) 유럽 국가들은 1839년 벨기에의 독립과 영세중립국화를 승인했다.
17) 이 당시 납세실적에 따라 선거권이 부여되었지만 점차적으로 선거권은 확대되었다.

란드인들에게 부여되었던 자치권 역시 축소되었다. 아울러 대학 및 교회에 대한 간섭을 증대시켰고 그것은 폴란드 자치의회의 반발을 유발시키는 계기가 되었다. 벨기에서와 마찬가지로 1830년 11월 폴란드에서도 대규모 소요가 발생했는데 거기에는 공직자, 지식인 계층, 군부, 귀족, 그리고 민족주의자들이 참여했다.

폴란드인들은 1831년 독립을 선언했다. 이에 러시아는 무력으로 폴란드 문제를 해결하려고 했다. 상황이 이렇게 전개됨에 따라 혁명의 주도세력은 농민들의 투쟁참여를 요구했지만 농민들은 그러한 요구에 응하지 않았다. 그 이유는 혁명의 주도세력이 농민해방령을 적기에 시행하지 않았기 때문이다.

러시아는 1831년 9월 8일 폴란드 폭동을 진압했다. 그리고 일련의 반동적인 조치도 취했는데 그것들을 언급하면 다음과 같다.

① 헌법기능을 정지시켰다.
② 폴란드의 국가신분을 러시아의 한 지방(속주)으로 격하시켰다.
③ 혁명에 참여한 인사들을 코카서스나 시베리아로 보내졌다.
④ 폴란드 자치군을 해산시켰다.[18]

프랑스의 7월 혁명과 그것이 계기가 되어 발생한 폴란드인들의 독립운동은 독일의 지식인들에게도 적지 않은 자극을 가져다주었

---

18) 폴란드 인들은 러시아의 이러한 강압적인 조치에 대해 1833년 재차 폭동을 일으켰지만 실패했다. 이후 러시아는 프러시아, 오스트리아와 공동으로 폴란드소요에 대응하려고 했고 그러한 협조는 1848년까지 지속되었다.

다. 즉 이들은 민족통합의 필요성을 인식하게 되었고 그것을 위해 그들이 무엇을 해야 하는가도 인지했던 것이다. 이에 따라 이들은 기존 질서체제의 문제점들을 지적했고 그것들의 타파 역시 필요하다는 것을 역설했다. 아울러 이들은 자신들이 폴란드 인들을 위해 무엇을 해야 하는지를 정확히 알고 있었다. 그것은 폴란드에서 독일을 거쳐 프랑스로 망명하려는 수 천 명의 피난민들을 지원하는 것이었다. 그러나 독일 연방은 피난민의 대다수가 독립투쟁에 적극적으로 참여했던 인물들이었다는 점을 주목하여 그러한 지원을 용납하지 않으려고 했다. 왜냐하면 메테르니히를 비롯한 독일의 위정자들은 독일의 자유주의자들과 민족주의자들이 폴란드인 들을 지원하면서 그들과 연계를 모색하지나 않을 가에 깊은 우려를 가지고 있었기 때문이다. 따라서 독일 보수 세력의 핵심이었던 베를린과 빈 정부는 자국민들이 폴란드 피난민들을 지원하는 것을 법적으로 금지시켰고 나아가 독일 내 다른 정부에게도 동일한 조치를 취할 것을 요구했다. 그러나 이러한 요구는 오히려 지식인 계층의 반발만 유발시켰다. 특히 파리에 머무르고 있던 하이네(H.Heine)와 뵈르네(L. Börne)와 같은 인물들은 이러한 조치를 강력히 비난했을 뿐만 아니라 메테르니히체제를 붕괴시키는 방법까지 제시하는 적극성도 보였다.

 점차적으로 독일의 지식인들은 기존질서체제를 대체할 새로운 정치체제의 도입을 모색하게 되었고 거기서 신문(Zeitung)이란 매개체도 활용했다. 물론 이러한 시도가 독일 전 지역에서 이루어진

것은 아니었다. 그러나 국지적 성격의 이러한 시도는 점차적으로 독일 전역에 지대한 영향을 가져다주었는데 그 일례는 '독일신문과 조국 연맹'이라는 단체의 활동에서 확인할 수 있다. 독일의 상황을 일반 대중들에게 전달하여 독일에 대한 그들의 관심을 증대시키겠다는 목적으로 결성된 이 단체는 짧은 기간 내에 전국적인 조직망을 갖추게 되었고 그것은 메테르니히를 비롯한 당시 독일 위정자들이 이 단체에 대해 두려움을 가지게 하는 요인으로 작용했다. '독일신문과 조국 연맹'은 당시 반메테르니히주의자로 인식되었던 비르트(Wirth)와 지벤파이퍼(Siebenpfeifer)에 의해 주도되었다.

1798년 11월 20일 호프(Hof;Franken)에서 출생한 비르트는 1816년 에어랑겐 대학 법학부에 입학했다. 이후 그는 알레마니아(Alemania)라는 대학생조합에 가입했고 그것은 그로 하여금 정치적 사안, 특히 기존의 질서체제가 가지는 문제점에 대해 관심을 가지게 하는 요인이 되었다.[19] 1820년 학업을 수료한 비르트는 브레스라우

---

19) 베를린 플라만(Plamann) 고등학교의 교사였던 얀(F. L. Jahn)은 1811년 베를린 대학의 총장이었던 피히테(J.G. Fichte)에게 기존의 지방 학생 단체(Landmannschaft)를 대신할 새로운 학생 단체의 설립을 제안하면서 대학생조합(Burschenschaft)1)이라는 용어를 최초로 사용했다. 거기서 그는 학생들의 육체적 단련(körperliche Ertüchtigung), 민족 사상의 함양(Förderung des nationalen Gedankens), 그리고 개성의 강화(Stärkung des Charakters) 등이 절실히 필요하다는 견해를 제시했을 뿐만 아니라 그러한 것들이 독일 통합의 전제 조건이 될 수 있다는 주장도 펼쳤다. 아울러 그는 기존의 학생조직으로 그러한 것들을 실천시킬 수 없다는 입장도 밝혔다. 실제적으로 특정 지역의 학생들로 구성된 지방 학생단체는 범세계주의적인 이념만을 추구했기 때문에 독일 통합이라는 이상구현에는 아무런 도움도 주지 못했다. 그럼에도 불구하고 피히테는 얀의 제의를 수용하지 않았는데 그러한 결정은

(Breslau) 대학에서 강사로 활동했지만 그 기간은 그리 길지 않았다. 이후 그는 쉬바르첸바흐(Schwarzenbach; Saale)에 위치한 쉰부르크 (Schönburg) 공작의 기사재판소(Patrimonialgericht)와 바이로이트 (Bayreuth)의 카임(Keim) 변호사 사무실에서 근무했다. 여기서 그는

그 자신의 견해라기보다는 당시의 현실적 상황, 즉 프로이센의 보수적 분위기에서 비롯된 것이라 하겠다. 왜냐하면 피헤테 자신도 독일통합의 필요성을 강조하면서 대학의 교육과정, 대학 생활의 전면적 개편 및 그 실천방안에 대해 구체적으로 언급한 바가 있었기 때문이다. 1815년 6월 12일 예나 (Jena)의 마크트플라츠(Marktplatz)에 많은 학생들이 모였다. 그러나 예나 시민들은 이러한 집회에 대해 아무런 관심도 보이지 않았는데 그 이유는 이들이 그러한 단합대회(Zusammenrottungen)나 학생들의 횡포(Unfug)에 익숙했기 때문이다. 그럼에도 불구하고 이 집회는 관심을 가질만 했는데 그것은 예나 대학 학생들의 ½이상이, 즉 243명의 학생들이 집회에 참여했다는 점이다. 학생들의 다양한 모자와 깃발을 통해 여러 지방학생단체들이 이 집회를 공동으로 주관했음을 확인할 수 있다. 집회에 참여한 학생들은 좁은 골목길을 따라서 도심으로 진출했다. 반다리아(Vandalia)의 공동대표(senior)였던 호른과 리만이 새로운 조합의 결성목적을 언급하면서 지방분권적 지방학생단체들을 타파하고 높은 이상, 즉 독일통합에 기여할 시기가 도래했음을 강조했다. 이어 그 동안 준비했던 대학생조합의 강령(Verfassungsentwurf)이 발표되었는데 그것은 뤼초푸(Lützow)의용군단에서 활약했던 카펜베르거 (Kaffenberger)와 하인리히스(Heinrichs)의 주도로 작성되었다. 그런데 이들은 강령을 작성하는 과정에서 반다리아와 튜린기아의 강령 및 동시대의 여러 의안들, 얀, 프리센, 그리고 루덴의 안을 많이 참고했다. 카펜베르거가 발표한 대학생조합의 강령은 ①대학은 육체적 훈련 및 학문증진을 위한 독일민족의 공공기관(Anstalt)이다. ②자유와 학문적 독립은 인격교육의 전제조건이다. ③대학생조합원(Burschen)의 영광은 최고(Höchsten)와 고결합(Edelsten)을 획득하려는 지속적인 노력에서 비롯된다. ④대학생조합은 민족통일이라는 과업달성을 위해 결성된 단체이다. ⑤대학생조합은 공동의 조국 및 민족감정을 위한 전체적 요구(Totalitätsanspruch)를 고양시켜야 한다 등의 중요한 내용을 담고 있었다. 이러한 강령을 통해 대학생조합이 정치 문제에 대해서도 깊은 관심을 가졌다는 것을 확인할 수 있는데 그러한 것은 기존의 지방학생단체에서는 찾아볼 수 없는 사안이었다.

바이에른 왕국의 재판절차에 적지 않은 문제점들이 있다는 것을
알게 되었다. 이 당시 바이에른 왕국에서는 고의적으로 재판을 지
연(verschleppung)시키는 경우와 공정한 법적 판결을 받기 위해 시민
들이 사건을 재판에 회부하는 행위를 일정한 기준 없이 법률적 위
반(Rechtsbruch)행위로 간주하는 경우도 허다했다. 뿐만 아니라 시민
들은 고액의 재판료 때문에 법정해결을 기피하기도 했다. 비르트
는 이러한 문제점을 해결하기 위해 1823년 '민사소송법의 개혁안'
을 뮌헨(München) 정부에 제출했지만 아무런 답변도 얻지를 못했
다. 1830년 프랑스에서 7월혁명이 발생한 이후, 비르트는 정치적
문제에 대해서도 깊은 관심을 보였는데 그것은 그로 하여금 신문
간행의 필요성을 인식하게 했다. 비르트는 1831년 1월 1일부터 바
이로이트에서 '코스모폴리트(Kosmopolit)'라는 신문을 주 2회씩 간
행했는데 준비부족 및 정부의 간섭으로 1월 28일 그 간행을 중단
해야만 했다. 이후 비르트는 뮌헨으로 자신의 활동장소를 옮겼다.
여기서 그는 정부정책에 대한 자신의 반론과 반정부 의원이었던
슐러(F.Schüler)의 견해를 홍보하는데 주력했고 그것은 뮌헨 정부가
그를 반정부적 인사로 간주하게 하는 결정적인 요인이 되었다.

　지벤파이퍼는 1789년 11월 12일 라르(Lahr; Schwarzwald)에서 태어
났다. 그는 경제적 어려움으로 인해 서기로 활동하다가 1810년, 당
시로는 만학의 나이라 할 수 있는 21세에 프라이부르크(Freiburg)
대학의 법학부에 입학했다. 비르트와 마찬가지로 이 인물 역시 대
학생조합에 대해 관심을 표명했는데 그것은 지벤파이퍼의 이름이

대학생조합 토이토니아(Teutonia)의 회원명부에서 확인되었기 때문
이다. 1813년 대학을 졸업한 지벤파이퍼는 대학에 남기를 원했지
만 생활고는 그것을 허락하지 않았다. 이후 그는 여러 지역에서,
즉 크로이츠나흐(Kreuznach), 트리어(Trier), 라우터(Lauter), 그리고 크
바이히(Queich)에서 관료생활을 하다가 1818년 홈부르크(Homburg)
지방전권대사(Landkommissariats)로 임명되었다. 이 도시에서 그는 엄
격한 통치방법을 지향했지만 신민들에 대한 배려 역시 등한시하지
는 않았다. 지벤파이퍼는 1829년 루트비히 1세(Ludwig I)가 라인 지
방을 방문했을 때 그에게 충성을 강조하는 시를 썼는데 그것은 자
신의 정치적 성향을 가늠하게 하는 일례가 된다 하겠다. 그러나
그의 이러한 친정부적 입장은 1830년대에 접어들면서부터 변했는
데 그것은 그가 1830년 항소심법원 고문관(Appellationsgerichtsrat)인
호프만(Hoffmann)과 더불어 츠바이브뤼켄(Zweibrücken)에서 '라인바
이에른(Rheinbayern)'이란 잡지를 간행한 데서 확인할 수 있다. 여기
서 지벤파이퍼는 라인 지방의 정치적 상황을 집중적으로 거론했는
데 그것은 뮌헨 정부의 우려를 불러일으키는 요인도 되었다. 이에
따라 뮌헨 정부는 1830년 11월 29일 그를 상도나우의 한 형무소
소장으로 좌천시켰지만 지벤파이퍼는 정부의 이러한 조치에 응하
지 않았다.

　1832년 4월 지벤파이퍼는 함바흐(Hambach)에서 (정치적)축제개최
를 제안했는데 그것은 축제만이 정부의 간섭 없이 참여자들이 자
유롭게 자신들의 정치적 견해를 제시하거나 조율할 수 있는 유일

한 방법이었기 때문이다. 당시 독일의 지식인들은 지벤파이퍼의 이러한 제의에 대해 전폭적인 지지를 보였을 뿐만 아니라 축제가 원만히 개최될 수 있게끔 협조도 펼쳤다. 메테르니히를 비롯한 독일의 위정자들은 지식인 계층의 이러한 움직임에 대해 우려를 표명했다. 특히 라인 지방의 책임자였던 안드리안-베어붕(Andrian-Werbung)은 뮌헨 정부의 조치에 따라 함바흐 축제의 개최를 저지하려고 했지만 그것은 오히려 이 지역 지식인들의 반발만 유발시켰다. 상황이 이렇게 전개됨에 따라 안드리안-베어붕은 자신이 취했던 조치들을 철회하고 함바흐 축제의 개최를 승인했다. 1832년 5월 27일 개최된 함바흐 축제에는 약 20,000명에 달하는 사람들이 참여했고 거기서는 독일의 개혁과 통합, 폴란드의 독립 문제 등이 중요한 안건으로 부상되었다. 함바흐 축제개최에 주도적 역할을 담당했던 지벤파이퍼와 비르트는 메테르니히체제의 문제점을 다시 한번 지적했을 뿐만 아니라 통합 독일의 선결과제에 대해서도 언급했다. 그것들을 살펴보면 첫째, 민족을 대표하는 기구를 설립할 것. 둘째, 주권재민설을 인정할 것. 셋째, 교역활동의 자유화를 보장하여 경제적 활성화를 기할 것 등을 들 수 있다.

물론 이들 양 정치가의 의견이 완전히 일치되지는 않았는데 그것은 독일과 프랑스와의 관계, 특히 독일통합에 대한 프랑스의 지원문제에서 의견을 달리한 것에서 확인할 수 있다.

함바흐 축제에 참여한 인사들의 대부분이 메테르니히체제의 붕괴를 독일 통합의 선행조건으로 제시함에 따라 연방의회는 새로운 반동 정치를 펼쳤는데 이것은 바르트부르크 축제 이후 펼쳐진 상황과 비슷하다 하겠다.

각 연방 정부는 이러한 사태에 충격을 받았다. 메테르니히 역시 이러한 움직임으로 자신의 체제도 위협받을 수 있다는 판단을 하게 되었고 강력한 대응으로 문제를 해결하려고 했다. 1832년 6월 28일 연방의회가 개최되었고 거기서는 1820년 5월 5일 빈 협약에서 체결되었던 각 국 의회의 권한을 제한시킨다는 것이 다시금 거론되었다. 이에 따라 연방의회는 각 국 의회의 청원권과 조세승인권을 제한시켰다. 7월 5일 연방의회는 일련의 추가조치도 공포했는데 그것은 다음과 같다.

첫째, 향후 정치단체를 결성하거나 민중집회를 개최할 경우 반드시 해당 정부의 승인을 받아야 한다.

둘째, 사람들은 공공장소에서 흑·적·황색의 옷이나 그것과 유관한 띠를 착용해서는 안 된다.

셋째, 독일의 각 정부는 혁명적 소요를 진압하기 위한 군사협조체제를 구축한다.

넷째, 대학에 대한 연방의회의 감시를 부활시킨다.

다섯째, 바덴 지방의 신문법을 폐지한다.

이후 중앙사문회의가 프랑크푸르트에 설치되고 '선동자(Demagogue)' 색출이 시작되어 수백 명의 반체제 인사들이 체포, 구금되었다. 이에 따라 많은 지식인, 학생, 수공업자들은 국경을 넘어 프랑스, 스위스, 영국, 그리고 미국으로 망명했다. 급진적 공화주의자들은 파리에서 '망명자 동맹'을 결성하고 그 일부는 다시 '의인 동맹(Bund des Gerechten)'을 조직했다. 망명자 동맹의 요청으로 마르크스가 '공산당 선언(Kommunistisches Manifest)'을 쓴 것도 바로 이 때였다. 의인 동맹으로 독일 노동자들도 독자적 조직을 구축하게 되었는데 이러한 동맹 창설에 주도적인 역할을 담당했던 계층은 수공업에 종사하던 노동자들이었다.

1837년 11월 1일 하노버공국의 쿰베르란트(E.A.v.Cumberland)가 헌법기능을 정지함에 따라 달만(F.Dahlmann), 게르비누스(G.G. Gervinus), 그림형제(J.W.Grimm), 알브레히트(W.D.Albrecht), 베버(W. Weber), 그리고 에스발트(H.Eswald) 교수가 11월 18일 괴팅엔 대학에 모여 국왕의 조치를 강력히 비난했다.[1] 이에 따라 이들은 대학에서 강제로 추방되었다. 소위 '괴팅엔의 7인 교수(Die Göttinger Sieben)사건'으로 지칭되었던 이 사건의 파장은 독일전역으로 확산되었으며 그들에 대한 후원운동이 전개되면서 독일 전체를 하나로 인식하는 여론도 형성되기 시작했다. 7월혁명의 영향은 오스트리아 제국의 재배를 받던 이탈리아의 북부, 파르마(Parma)와 모데나(Modena)에서도 확인되었다. 이탈리아인들은 오스트리아제국의 지배로부터 벗어나려는 시도를 펼쳤지만 그러한 것은 오스트리아군의 신속한 개입으로 현실화되지는 못했다.

---

1) 쿰베르란트는 1837년 왕위에 오르면서 헌법서약을 거부했다.

7장. 1848년 혁명

1. 프랑스

　루이 필립의 7월 정권은 대시민계층의 지지로 형성되었기 때문에 당연히 이들 계층의 이익을 옹호하는 정치를 펼칠 수밖에 없었다. 이에 라마르틴(Lamartine)을 중심으로 한 소시민계층의 공화파 세력과 루이 블랑(Louis Blanc)을 중심으로 한 노동자 계층의 사회주의 세력은 7월왕정에 대해 불만을 가지게 되었다.[1] 아울러 루이 필립의 소극적이고 무사 안일한 외교정책은 나폴레옹시대의 영광을 회상하는 왕당파들의 반발도 사게 되었다. 이렇듯 국내 반정부 세력의 저항이 심해짐에 따라 루이 필립은 1840년 10월 20일 자유주의자였던 티에르 대신에 보수파의 기조를 수상으로 임명했다. 이후 기조는 의회를 매수하고자 의원들에게 관직 및 정부 관급 공사의 주주 자리를 주거나 정부기간산업의 계약을 주는 등 온갖 정

---

[1] 이 당시 라마르틴은 시인 및 역사가로서 활발히 활동했다.

치적 부정과 부패를 조장했다.[2]

이러한 정치적 부정부패와 더불어 흉작 및 경제적 공황으로 파산과 실업이 속출했다.[3] 이에 따라 공화주의자와 사회주의자들은 1848년 2월 22일 정부의 폐정을 비난하는 정치개선촉진회(Banquet of Reform)를 파리시내에서 개최하기로 합의했다. 그러나 이 집회는 정부의 개입으로 무산되었고 그것은 촉진회의 참석자들과 일반 시민들로 하여금 기조의 관저를 습격하고 군경과 대치하게 했다. 2월 24일의 시가전에서 우위를 차지한 이들은 파리 시청을 점령하고 왕궁을 습격했다. 이에 루이 필립은 퇴위를 선언하고 영국으로 망명했다. 곧 라마르틴을 중심으로 한 공화파와 루이 블랑의 사회주의파가 합세하여 임시정부를 수립했다.[4] 임시정부는 2월혁명에 기여한 루이 블랑의 사회주의 세력에 보답하고자 했다.[5] 이에 따

---

2) 기조는 선거권의 확대요구에 대해 다음과 같이 대응했다.
  "부자가 되십시오, 그러면 여러분들도 선거권을 얻을 수 있을 것입니다."
3) 감자의 병충해와 기근으로 1846년 대기근이 발생했다. 이에 따라 빵 가격이
  급등했고 그것은 일부 지방에서 식량봉기를 유발시켰다. 대흉작으로 농민
  들의 구매력이 크게 격감하게 됨에 따라 경제적 위기는 산업계, 은행, 그리
  고 주식시장까지 확산되었다. 더욱이 철도건설 등의 대규모토목공사가 중
  단됨에 따라 실업률 역시 크게 높아졌다.
4) 임시정부는 ①노동권보장, ②노동시간의 제한(10-11 시간), ③정치범에 대한
  사형제도 폐지 등을 중요한 실천과제로 선정했다.
5) 이 당시 사회주의자들의 규모는 크지 않았지만 실제정치에서 일정한 역할
  을 담당할 수 있을 만큼 성장해 있었다. 그러나 이들의 활동에서 별다른 성
  과를 거두지 못했음을 확인할 수 있는데 그것은 당시 다양한 사회주의적
  이론이 등장했음에도 불구하고 완벽한 이데올로기를 갖춘 것은 하나도 없
  다는데서 비롯된 것 같다. 프랑스혁명이 발생했을 당시 자유주의자들은 그
  들이 지향하는 바를 정확히 인지하고 있었다. 즉 이들은 불평등한 법적특
  권을 제거시켜야만 그들에게 진보가 보장된다는 사실을 알고 있었던 것이

라 임시정부는 사회주의자들의 노동권보장을 수용했고 그것을 가
시화시키기 위해 국립실업자노동공장을 전국 여러 도시에 세웠
다.6) 그러나 4월 23일의 총선에서 승리한 산업자본가 중심의 온건
공화파는 국립실업자노동공장의 막대한 유지비와 노동계층 및 사
회주의 세력의 대두에 두려움을 느껴 이 공장을 6월 21일 폐쇄시
켰다.7) 이제 국립실업자노동공장에 등록한 18−25세의 노동자들은
군대에 입대해야 했고, 나머지 노동자들 역시 개간사업에 참여하
기 위해 솔로뉴(Sologne) 또는 랑드(Landes)지방으로 가야만 했다.8)

다. 아울러 이들은 자신들의 관점이 가지는 당위성을 다른 사람들에게도
인지시키려는 노력을 펼쳤다. 물론 1848년의 사회주의자들 역시 정치체제
및 경제구조의 문제점을 잘 알고 있었다. 그러나 이들은 그것에 대한 해결
책제시에서 공통성을 상실했다. 따라서 이들은 간단하고 명료한 약속을 제
시할 수 없었고 그것은 대중을 설득시켜 자신들의 혁명적 운동에 가담시키
겠다는 희망을 현실화시키지 못한 주된 요인이 되기도 했다.

6) 국립실업자노동공장은 1839년에 출간된 루이 블랑의 '노동조직론(*L'Organisation du travil*)'에 따라 설치되었다. 루이 블랑은 자신의 저서에서 자본주의의 자유경쟁에서 비롯되는 폐단과 점증되는 노동자 계층의 빈곤과 비참을 지적하고, 공업과 농업분야에서 실업 노동자들이 그들의 전문기술을 살릴 수 있는 '사회작업장(*ateliers sociaux*)의 설치를 제안했다. 국립실업자노동공장은 루이 블랑의 원안대로 운영되지는 않았지만 1일 2프랑을 주고 10만 명 이상의 실업자를 채용하여 하수도를 파게 하거나 공원에서 흙을 나르는 일들을 시켰다. 이러한 것은 일종의 구빈사업에 불과했기 때문에 국가예산의 낭비라는 비판도 받았다. 아울러 국립실업자노동공장의 운영경비를 부담했던 지방민들의 불만 역시 크게 고조되었다.

7) 이 당시 온건공화파는 국립실업자노동공장문제를 조속히 해결해야 한다는 견해를 제시했다. 즉 이들은 국립실업자노동공장을 폐쇄시킬 경우 민중소요를 종식시킬 수 있을 뿐만 아니라 사업의 침체를 야기시키고 국민의 활동을 마비시키는 정치적 불안정도 해소시킬 수 있다는 확신을 가지고 있었다.

8) 일반선거제도의 도입으로 900만 명에 달하는 프랑스인들은 선거권을 부여받았고 이들의 선거참여율은 84%에 달했다. 선거결과는 예상과는 달리 온

이러한 조치에 대해 불만을 품은 40,000명의 노동자들이 6월 22일 대유혈폭동을 일으켰지만 카베냐크(Cavaignac)장군의 국민군에 의해 6월 25일 진압되었다.9) 그리고 시위를 주도했던 루이 블랑은 프랑스를 떠나야만 되었다.10)

여기서 우리는 6월폭동에서 계급전쟁의 성격이 부각되었음을 확인할 수 있는데 그것은 당시 노동자 계층이 자본주의체제가 그들 계층을 소멸시키리라는 확신을 가진 것과 기존의 질서체제가 노동자 계층에 의해 붕괴될 수 있다는 시민 계층의 우려에서 비롯되었다 하겠다.

6월폭동을 진압한 온건공화파세력은 그해 11월 민주주의적 공화제를 지향하는 헌법을 제정했다. 새로운 헌법에서는 일반 및 직접선거를 통해 단원제의회를 구성한다는 것이 명시되었을 뿐만 아니라 대통령선출에 대해서도 구체적으로 언급되었다. 특히 장기집권에서 야기될 수 있는 문제점을 차단시키기 위해 대통령의 재임을 원칙적으로 허용하지 않았는데 그것은 임기를 마친 대통령의 재출마를 엄격히 규제한데서 확인할 수 있다. 즉 대통령은 퇴임한 후 4년이 지나야만 재출마가 가능하다라는 것이 헌법에서 명시되었던 것이다. 그리고 이러한 규정을 개정하기 위해서는 한 달씩의 간격

건공화파가 전체의석(900석)의 절반 이상인, 즉 500석을 차지했다.

9) 수공업자, 소상점주, 장인, 그리고 산업노동자들이 참여한 시위에서   약 4,000 명 정도가 목숨을 잃었다. 그리고 폭동이 진압된 이후 3,000 명 이상이 정부군에 의해 학살되었고 11,671명이 체포되었다. 체포된 사람들의 일부는 처형되었고 나머지는 강제노역에 처해졌다.

10) 폭동의 과정에서 노동자들은 재산의 평등분배를 강력히 요구했다.

을 두고 세 번의 심의를 의회에서 한 후, 투표자의 ¾이상이 찬성하고 투표자가 최소한 500명이어야만 가능했다. 신헌법에서는 대통령의 의회해산권을 인정하지 않았을 뿐만 아니라 대통령이 무력으로 헌법을 유린하려고 할 경우 헌법은 '헌법을 지키는 애국적인' 시민들의 행동으로 방어되어야 한다는 것도 언급되었다. 신헌법에서는 이러한 것 이외에도 노동권보장의 철회, 언론·출판의 자유, 불법체포 금지, 평화적 집회 및 청원권 인정 등이 거론되었다. 이 헌법에 따라 임기 4년의 대통령을 선출하기 위한 보통선거가 12월 10일에 실시됐다. 이 당시 국민들은 당시의 상황을 극복할 수 있는 강력한 정부의 출현을 기대했고 그것에 따라 나폴레옹의 조카였던 루이 나폴레옹(Louis Napoléon)이 대통령으로 선출되었다.11)

2. 독일권

프랑스의 혁명적 상황은 라인(Rhein)강을 넘어 독일로 전해졌다. 이에 따라 독일 전역에서는 정치적·사회적·경제적 요구들이 제기되었고 그러한 것들을 실현시키기 위한 시위도 여러 곳에서 전

---

11) 유효투표의 74%(540만표)를 획득한 루이 나폴레옹은 나폴레옹 1세의 동생이었던 네덜란드 왕 루이 보나파르트(L. Bonaparte)를 아버지로 하고 나폴레옹 1세의 부인이었던 조세핀의 딸 오르탕스 드 보아르네(H.de Beauharnais)를 어머니로 하여 태어났기 때문에 나폴레옹 1세의 조카라 하겠다.
대통령으로 당선된 루이 나폴레옹이 헌법을 침해하지 않는 한, 즉 공화주의적 관점에서는 물론 자유주의적 관점에서도 허락되지 않은 쿠데타를 일으키지 않는 한, 1852년 대통령직에서 물러나야만 했다.

개되었다. 특히 바덴(Baden)의 만하임(Mannheim)에서 시민들은 대규모 집회를 개최했고 거기서 출판 및 결사의 자유, 배심원재판제, 그리고 전독일의회 소집 등을 요구했다. 그리고 이러한 요구들은 향후 3월혁명(Märzrevolution)의 주요 목표로 설정되었다.

도시에서와 마찬가지로 농촌에서도 소요가 있었다. 여기서 농민들은 봉건적 공납 및 의무의 무상철폐를 요구했다. 이러한 소요가 지속됨에 따라 각국의 군주들은 수십 년간 거부했던 제 개혁 및 헌법을 승인할 수밖에 없었다. 이에 따라 바덴(Baden), 뷔르템베르크, 헤센-다름슈타트(Hessen-Darmstadt), 바이에른, 작센, 하노버에서는 자유주의자들이 참여한 내각이 탄생했다.12)

프랑크푸르트(Frankfurt) 연방 의회 역시 흑, 적, 황금의 3색기를 독일의 상징으로 인정하고 예비회의(Vorparlament)의 소집도 약속했다.

혁명은 오스트리아제국에도 파급되었다. 이미 1840년대 초부터 메테르니히의 탄압을 받던 비독일계 민족들은 민족 운동의 영향을 받아 오스트리아제국의 독일연방이탈과 비독일계 민족의 자치권보장을 요구했다.

1848년 3월 13일 반동의 아성이었던 빈에서도 혁명적 소요가 발생했는데 그것은 오랫동안 개혁을 외면하고 신분제 의회 소집 등을 봉쇄한 채 검열 및 경찰감시로 통치한 것에 대한 불만의 표시였다. 이 혁명으로 메테르니히는 런던에서 망명처를 구하는 상황

---

12) 이를 지칭하여 '3월정부(Märzregierung)'라 한다.

에 놓이게 되었다. 이탈리아 북부, 크로아티아, 그리고 헝가리에서도 오스트리아의 지배에 반발하는 소요가 전개되었는데 그러한 것은 다민족(Multinationalitäten) 국가인 오스트리아제국의 붕괴도 가능할 정도로 심각했다.

3월혁명이 발생한 이후 비독일계 민족의 정치가들은 그동안 제국 내에서 등한시되었던 민족문제에 대해 관심을 표명하게 되었고 그것을 해결할 수 있는 방법에 대해서도 구체적으로 논의하기 시작했다. 그러나 각 민족의 정치가들은 해결방법에 대해서는 의견을 달리했다. 코수트(K. Kossuth)를 비롯한 대다수의 헝가리 정치가들은 오스트리아제국으로부터 이탈하여 독립 국가를 세우려 했지만 제국 내에서 절대 다수를 차지하고 있던 슬라브 민족의 정치가들은 그러한 방법에 대해 동의하지 않았다. 즉 이들은 오스트리아제국의 존속을 인정하고 거기서 그동안 인정되지 않았던 민족적 자치권을 부여받으려 했던 것이다. 이러한 방향을 주도한 인물은 오늘 날 체코 민족의 국부(otec národa)로 추앙받고 있는 팔라츠키(F.Palacký: 1798－1876)였다. 팔라츠키와 그의 추종세력들은 기존의 질서체제를 인정하고 거기서 민족적 자치권을 획득하려 했는데 그것이 바로 친오스트리아슬라브주의(Austroslawismus)의 핵심적 내용이라 하겠다. 팔라츠키는 1848년 4월 11일 프랑크푸르트 예비의회로부터의 제의, 즉 체코 민족의 대표로 독일통합간담회에 참석해 달라는 요청을 공식적으로 거절하면서 자신의 친오스트리아슬라브주의적 관점을 공식적으로 표명했다. 그런데 여기서 제기되는 의

문점은 왜 그가 독일 정치가들의 간담회에 초청되었는가 이다. 그
것은 슬라브 계통의 체코 민족이 빈회의의 규정에 따라 독일연방
에 포함된 보헤미아 지방에 살고 있었다는 것과 대독일주의원칙에
따라 통합을 추진했던 예비의회의 참석자들 역시 체코 민족의 거
주 지역들을 신독일에 반드시 포함시켜야 한다는 생각을 했기 때
문이다. 따라서 독일 정치가들은 보헤미아 지방을 대표하여 프랑
크푸르트에 참석할 수 있는 체코 인물을 찾게 되었고 거기서 예비
의회에 참석한 오스트리아 정치가 쿠란다(I.Kuranda)의 제안을 수용
하게 되었던 것이다.

팔라츠키 역시 이러한 이유로 자신이 프랑크푸르트로 초대된 것
을 알았지만, 그는 이미 3월혁명 이전부터 논문 및 신문투고 등을
통해 체코 민족이 독일 통합에 참여하여서는 안 된다는 입장을 밝
히고 있었다. 여기서 팔라츠키는 독일과 보헤미아와의 관계가 민
족과 민족사이의 관계가 아닌 지배자와 지배자 사이의 관계에 불
과하다라는 견해를 제시했다.

팔라츠키는 자신의 거절편지에서 체코 민족이 신생독일에 참여
할 경우 오스트리아 제국 내에서 그들이 누렸던 사회적 지위마저
상실하게 되리라는 것을 언급했다. 이러한 그의 판단은 보헤미아
지방에서 체코 민족이 독일 민족보다 수적으로 우세하다는 것과
제국 내 다른 슬라브 민족과의 유대관계가 신생독일에서는 불가능
하다는 사실에서 비롯된 것 같다. 따라서 그는 자신의 거절편지에
서 빈 정부의 중앙체제에 대해 불만을 가진 제국의 슬라브 민족들

이 독일 민족처럼 독립을 지향할 경우, 그것은 불가능하고, 무모한 행위에 불과하다라는 견해를 제시했던 것이다. 이 당시 팔라츠키는 러시아가 유럽의 북부 지역에서 시도했던 것과 마찬가지로 유럽의 남부 지역에서도 세력 확장을 모색하고 있다는 사실을 잘 알고 있었다. 그리고 그는 이러한 시도를 통해 러시아가 하나의 보편왕조(Universal monarchie)를 형성하려 한다는 것과 그러한 왕조가 많은 재앙만을 가져다주리라는 것도 예측했다.

팔라츠키는 러시아의 이러한 야욕에도 불구하고 슬라브 민족들이 민족주의 원칙에 따라 오스트리아 제국을 이탈하여 독립 국가를 형성할 경우 과연 그러한 국가들이 얼마나 오랫동안 지속될 수 있을 지에 대해 강한 의구심도 제기했는데 그것은 그가 러시아의 범슬라브주의와 그것에 따른 슬라브 세계의 통합시도를 의식했기 때문이다. 즉 팔라츠키는 니콜라이 1세(Nicholas I ;1825—1855)를 비롯한 러시아의 핵심세력들이 즉시 이들 국가들을 러시아에 병합시키려 할 것이고, 병합된 이후 이들은 더욱 열악한 상황 하에서 살아나가야 한다는 것을 인지했던 것이다. 따라서 팔라츠키는 자신의 편지에서 제국 내 슬라브 민족들이 주어진 체제를 인정하고 거기서 그들의 민족성을 보존하면서 권익 향상을 점차적으로 도모하는 것이 최선의 방법이라는 견해를 제시했던 것이다.

팔라츠키의 이러한 관점에 대해 빈 정부는 우호적인 태도를 보였는데 그것은 혁명세력이 반혁명세력보다 우위를 차지한 상황에서 슬라브 민족의 대표적 정치가가 제국의 존속을 공식적으로 인정했기 때문이다.

거의 같은 시기 베를린에서도 소요가 발생했다. 국왕 프리드리히 빌헬름 4세(Friedrich Wilhelm Ⅳ)는 다가올 혁명적 위협에 두려움을 느꼈기 때문에 3월 18일 자발적으로 출판의 자유 및 헌법제정을 허용했을 뿐만 아니라 독일을 연방 국가로 개편하는 과정에서 프러시아가 주도적인 역할을 담당하겠다는 것도 공언했다. 또, 국왕은 정부군을 베를린으로부터 철수시키겠다는 약속도 했다.[13] 이에 베를린의 시민들은 국왕에게 경의를 표시하기 위해 왕궁주변에 모이기 시작했다. 그러나 여기서 우발적인 총격사건이 발생되었고 그것은 시가전을 발발하게 하는 결정적인 요인이 되었다. 시가전에서 303명의 희생자가 발생했는데 그들의 사회적 성분은 52명의 노동자, 115명의 견습생, 34명의 소규모 상인. 15명의 귀족, 그리고 7명의 무직업 여성으로 분류할 수 있다. 이를 통해 혁명적 소요에 어떤 특정 계층만이 참여한 것이 아니라 사회의 각 계층이 참여했음을 확인할 수 있다. 그러나 이들 모두가 명확한 정치적인 목표를 가지고 시가전에 참여한 것은 아니었다. 3월 19일 프리드리히 빌헬름 4세는 '나의 사랑하는 베를린 시민'이라는 선언서를 발표했는데 그것은 그 자신이 혁명적 상황에 굴복한 것으로 볼 수 있을 것이다. 아울러 그의 내적 불확신(innere Unsicherheit)도 선언서 발표의 한 요인으로 작용한 것 같다. 선언서를 발표한 직후 프리드리히 빌헬름 4세는 베를린에 주둔중인 군대를 포츠담으로 철수

---

13) 3월 13일부터 혁명적 징후가 베를린에서 감지되기 시작했다.

하도록 했다. 아울러 그 자신도 포츠담으로 떠났다. 그러나 그것에 앞서 그는 시가전에서 희생된 사람들에 대한 묵념을 공개적으로 했는데 그것은 혁명세력에 대한 굴욕적 행위로 간주할 수 있을 것이다. 3월 21일 프리드리히 빌헬름 4세는 '나의 신민과 독일민족(An mein Volk und die deutsche Nation)'이라는 호소문을 발표했다. 여기서 그는 프러시아가 향후 독일통합의 과정에서 주도적 역할을 담당하겠다는 것을 강조했다

4월초 자유주의자들이 대거 참여한 새로운 내각이 베를린에서 구성되었고 의회소집을 위한 작업도 병행되었다.14) 그러나 혁명의 과격화를 우려한 입헌·자유주의자들은 민중 운동의 에너지를 차단시켜야 한다는 생각을 점차적으로 가지게 되었다.

프러시아 국왕이 바리케이드 전사들 앞에서 독일 통일에 앞장서겠다는 약속을 했음에도 불구하고 프러시아 또는 오스트리아의 주도로 독일이 통합되기는 어려웠다.

남부 독일의 지식인들은 1848년 3월 5일 하이델베르크(Heidelberg)에 모여 독일국민의회(Nationalversammlung)의 소집필요성을 부각시켰다.

이에 따라 프랑크푸르트에서 국민의회 소집을 위한 예비의회가 개최되었다. 그러나 활동직후부터 온건파와 급진파의 갈등은 표면화되었고 그것을 극복할 수 있는 방법은 제시되지 못했다. 의회 내에서 자신들의 목적을 관철시킬 수 없다고 판단한 급진파는 슈

---

14) 쾰른(Köln)출신의 자유주의자인 캄프하우젠(Camphausen)이 내각을 구성했다.

트루베(G. Struve)와 헤커(F.K.Hecker)의 주도로 슈바르츠발트 (Schwarzwald)에서 폭동을 일으켰는데 세습왕정 및 상비군제도의 폐지와 민주적 연방 체제의 도입이 그들의 주장이었다. 그러나 급진파의 폭동은 연방군에 의해 진압되었고 온건파의 예비의회는 국민의회의 소집을 결정했다.

1848년 5월 18일 프랑크푸르트의 성 파울 교회(S. Paulkirche)에서 국민의회가 활동을 펼치기 시작했다. 국민의회의 목표는 독일 연방을 하나의 통합국가로 변형시키는 것이었다. 그러나 역사적으로 형성된 개별 영방 국가들을 그대로 둔 채 강력한 중앙권력을 창출한다는 것은 쉬운 일이 아니었고 통합방안에 대한 의원들의 의견 역시 일치되지 않았다. 국민의회의 의원들 대부분은 법률적 지식을 갖춘 판사, 검사, 그리고 행정관료 출신이었다. 이들 이외에 대학 교수, 저술가, 자영농, 상인들도 국민의회에 진출했지만 그 수는 위에서 언급한 계층보다 훨씬 적었다.

국민의회는 의장으로 헤센(Hessen)의 가게른(H. v. Gagern)이 선출되었고 7월에는 합스부르크가문 출신의 요한(Johann)대공을 제국섭정(Reichverweser), 즉 제국의 임시 행정 대표로 선출했다. 그리고 프러시아의 라이닝겐 후작이 제국 내각의 실권자로 등장했다. 이로써 연방 의회의 권한이 국민의회에 위임되었지만 제국 대표와 행정부는 조직적 행정기구, 자체 군사력, 그리고 재원을 갖추지 못했기 때문에 실제적으로 어떠한 권한도 행사하지 못했다.

국민의회의 이러한 무력함은 슐레스비히-홀수타인(Schleswig-Holstein)문제에서 명백히 드러났다. 두 공국은 오랫동안 덴마크 국왕의 지배 하에 있었으며 그 중 홀수타인은 독일 연방의 일원이었다. 혁명을 계기로 이 지방의 독일계 주민이 덴마크 지배에 대해 이의를 제기하면서 무력 충돌이 발생했다. 국민의회의 요청으로 파견된 프러시아 군은 사태를 진압했으나, 러시아·영국·프랑스의 압력으로 프러시아는 덴마크와 휴전 조약을 체결했고 국민의회는 이 조약을 추후 비준했다. 이로써 두 공국의 독일계 주민은 국민의회로부터 배반을 당한 상황에 놓이게 되었고 대다수 독일인 역시 국민의회의 결정에 불만을 표출했다.

슐레스비히─홀수타인 문제로 위상이 격하된 국민의회는 헌법의 기본 구조 심의에 들어갔다. 아울러 향후 법치국가 운영에 필요한 국민의 기본권 제정에도 착수했다. 개인의 기본권은 이미 이전부터 각 영방 헌법에서 보장된 시민적 제 권리를 집약하고 봉건적 제 구속을 폐기한 토대 하에서 비롯되었다. 여기서는 개인의 자유, 법적 평등, 영업·경제 활동의 자유, 이동의 자유, 영주의 자의적 체포나 권력 남용에 대한 권리 보장, 출판·신앙·사상의 자유, 집회·결사의 권리 등이 망라되었는데 이러한 것들은 뒤에 바이마르(Weimar) 공화국 헌법이나 독일 연방 공화국 기본법의 정신에도 계승되었다.

슐레스비히─홀수타인 문제를 통해 독일인들은 열강의 동의 없이는 통합이 불가능하다는 사실을 확실히 깨닫게 되었다. 이후의 역사에서 확인되듯이 독일의 통일은 유럽 열강간의 힘의 공백기에

서나 가능했다. 국제적 상황과는 관계없이 국민의회는 독일 국가
의 기본 체제를 심의하기 시작했는데 중요한 문제로는 국민, 연방
체제, 헌법에 관한 것 등을 들 수 있다. 특히 통합방안에 대해서는
의견을 달리하는 파벌이 형성되었는데 소독일주의파(Kleindeutsch)와
대독일주의파(Grossdeutsch)가 바로 그것이었다.

소독일주의파는 프러시아의 주도로 독일을 통합시켜야 한다는
견해를 제시했다. 여기서 이들은 오스트리아 제국의 역할을 인정
하지 않으려고 했을 뿐만 아니라 독일권에서 이 제국을 축출하려
고도 했다. 이에 반해 대독일주의파는 독일연방에 소속된 오스트
리아의 영역을 신독일에 포함시켜야 한다는 주장을 펼쳤다. 물론
오스트리아가 독일권에서 행사했던 기득권 역시 보장되어야 한다
는 것이 대독일주의파의 입장이었다.

시간이 지남에 따라 대독일주의를 지지하던 오스트리아 출신 의
원들은 점차적으로 대독일주의에 대해 부정적인 시각을 가지게 되
었는데 그것은 그들이 지속적으로 주장했던 오스트리아 제국의 전
영역이 신독일에 편입되어져야 한다는 견해가 수용되지 않았기 때
문이다.15)

1849년에 접어들면서 소독일주의자들이 의회 내에서 과반 수 이
상을 차지하게 되었다. 이들은 헌법에 명시된 세습황제권을 프러

---

15) 이 당시 오스트리아 출신 의원들은 대독일주의의 변형모델이라 할 수 있
    는 오스트리아적 대독일주의를 지향했다. 여기서 이들은 대독일주의원칙에
    따라 통합독일이 탄생될 경우 오스트리아제국의 해체가 필연적이라는 것
    을 잘 알고 있었다.

시아 국왕에게 위임시켜야 한다는 생각을 가지게 되었고 그것을 1849년 3월 27일 국민의회에서 관철시킬 수 있었다. 이에 따라 오스트리아를 제외한 모든 영방 국가의 대표들은 1849년 3월 28일 프러시아 국왕에게 황제 대관을 봉정하기 위해 베를린으로 향했다.

프랑크푸르트 국민의회 사절단과의 대화에서 프러시아 국왕은 독일 전체 제후들의 동의 없는 황제직 수용을 거부했다. 그러나 내심으로는 혁명의 선물을 받아들이는 것이 신의 은총을 받은 군주의 성스러운 권리 및 명예를 더럽히는 것으로 단정했기 때문에 그것의 수용을 거부했던 것이다.

프러시아 왕의 대관 거부로 프랑크푸르트 국민 의회의 독일 국가 창설 계획은 좌절되었다. 만일 프러시아 왕이 그러한 제의를 수락했더라도 오스트리아와 러시아가 이의를 제기했을 것이다. 이후 독일의 각 영방 정부는 그들의 대표를 소환했고 잔여 의원들 역시 그들의 활동장소를 슈투트가르트(Stuttgart)로 옮겼다. 그러나 잔여의회(Rump Parliament)는 프러시아의 압력으로 1849년 6월 8일 강제로 해산되었다. 이후 프러시아와 오스트리아는 혁명이전의 정치체제로 회귀했다. 그러나 환원된 정치체제는 이전의 절대왕정체제와는 달리 실제정치에 자유주의적인 요소를 부분적으로 반영했다. 따라서 1850년대 말까지 지속된 이 체제는 기존의 절대주의체제와 구분하기 위해 신절대주의체제(Neoabsolutismus)라는 명칭을 부여받았다.

3. 이탈리아

이탈리아에서도 혁명적 소요가 발생했다. 그러한 소요는 프랑스나 독일권보다 빠른 1월초부터 시작되었다.16) 이탈리아에서의 혁명적 소요는 남부 지방, 즉 시칠리아에서 시작되었는데 그것은 외부로부터 유입된 왕조에 대한 저항에서 비롯되었다 하겠다.17) 폭동을 주도한 인물들은 나폴리 왕국의 페르디난트 2세(Ferdinand II)로부터 헌법의 도입 및 세제상의 개혁도 약속 받았다.18)

혁명의 여파는 중부 이탈리아까지 확산되었다. 이에 따라 피에

---

16) 이 당시 이탈리아는 여러 국가들로 나눠져 있었다. 부르봉가문의 왕이 시칠리아 왕국을 지배했고, 교황은 교황령을, 오스트리아제국은 롬바르디아와 베네치아 지방을 다스리고 있었다. 그 외에 토스카나 공국, 파르마, 모데나는 오스트리아제국의 영향을 받던 귀족들에 의해 통치되었고 사르데냐 섬은 이탈리아계 왕조인 사부아 왕조(the House of Savoie)가 다스렸다.
  이러한 정치적 분립상태보다 더욱 심각한 것은 문화적, 경제적인 분열상이었다. 이 당시 이탈리아인들은 통일보다는 지방적 전통을 더욱 중요시 여겼기 때문에 북부의 도시인들은 남부의 시칠리아인 들에 대해 동족으로서의 애정이나 친밀감을 가지지 않았을 뿐만 아니라 경제적 유대관계에 대해서도 등한시하는 자세를 보였다.

17) 라 마사(G.La Massa), 필로(R.Pilo), 미로로(P.Miloro), 그리고 카리니(Carini) 등이 주도한 이 폭동은 1월 12일, 즉 페르디난트 2세의 생일에 발생했다. 그런데 이 폭동은 도시 및 지방의 노동자들로부터 지지를 받았을 뿐만 아니라 시민 계층과 귀족계층의 지지도 받았다. 그런데 당시 나폴리 왕국의 군대는 이러한 폭동을 진압할 능력을 갖추지 못했다.

18) 시행될 헌법에서는 의회의 이원화와 신민의 기본권보장이 언급되었다. 아울러 왕의 권한에 대해서도 거론되었는데 그것은 이전의 권한에서 크게 위축되지 않았다. 신 헌법에 따라 왕은 행정권, 법률안 거부권, 그리고 군대통솔권을 가지게 되었다.

몬테-사르데냐(Piedmont-Sardinia) 왕국에서도 소요가 발생했고 그것은 이 왕국의 왕이었던 알베르토(C.Alberto)로 하여금 헌법을 도입하게 하는 요인이 되었다.[19] 교황령에서도 개혁시도가 있었고 교황 비오 9세 (Pius Ⅸ) 역시 그러한 움직임에 관심을 보여야만 했다.[20]

혁명초기 이탈리아에서는 3가지 통합방안이 제시되었는데 그것은 첫째, 교황을 통합이탈리아의 대표로 하는 군주연합국체제, 둘째, 피에몬테-사르데냐의 왕인 알베르토를 통합이탈리아의 군주로

---

19) 소요가 발생한 직후 알베르토는 왕위를 포기하려고 했다. 그러나 당시 내무장관이었던 보렐리(G.Borelli)백작의 권유에 따라 헌법제정위원회를 구성하여 헌법을 제정하게 했다. 1834년 3월 4일 헌법제정위원회는 '알베르토헌법(Statuto Albertino)'을 공포했다. 여기서는 왕 및 의회의 권한 등이 구체적으로 언급되었는데 그것들의 중요한 내용을 살펴보면 다음과 같다.
   ①왕은 국가의 원수 겸 정부의 책임자역할을 담당한다.
   ②왕은 헌법을 보호할 수 있는 권한을 가질 뿐만 아니라 그것에 대한 의회 의 간섭, 즉 헌법내용의 개정 등도 통제할 수 있다.
   ③의회는 양원제(상원과 하원)로 운영한다. 의회는 정부에 대한 통제권을 가지며 정부구성에도 참여할 수 있다.
   입헌왕정체제의 근간을 유지하면서 의회적 권한을 확대시킨'알베르토 헌법'의 근간은 이탈리아에서 왕정체제가 붕괴된 1946년까지 유지되었다.
20) 1846년 마스타이-페레티(G.M.Mastai-Ferreti)는 교황선출을 위한 추기경회의에서 교황 비오 9세로 선출되었다. 선출된 직후 비오 9세는 정치범들을 석방했을 뿐만 아니라 행정구조개편을 위한 위원회의 구성도 허락했다. 그러나 보수적 성직자들은 비오 9세의 이러한 개혁시도에 반발했고 그것은 비오 9세가 구상했던 입법기구의 설립도 불가능하게 했다. 이후부터 비오 9세는 개혁에 대해 소극적인 자세를 보이다가 이탈리아에서 발생된 일련의 소요 후에 다시금 개혁의 필요성을 느끼게 되었다. 이에 따라 1848년 3월에 구성된 행정부에서 자유주의자들은 그들의 관점을 피력하게 되었고 그것은 교회령에서 개혁의 분위기를 파악하게 했다.

추대하는 것, 셋째, 기존의 질서체제대신에 공화정체제를 통합이탈리아에 도입하는 것이었다. 이 당시 통일에 대해 관심을 가졌던 이탈리아인들, 특히 시민계층의 대다수는 둘째 안에 동의했다. 이들은 외국인 지배자들을 축출하고 통일을 성취할 경우 경제적 성장이 증대되리라는 확신도 가지고 있었다. 또한 이들은 분열된 상태하에서 상품의 이동, 상인의 여행 시 각 나라에서 요구하는 물품세나 통행 등의 제약으로 많은 불편을 겪고 있다는 사실을 잘 알고 있었다. 뿐만 아니라 이들은 나라마다 다른 화폐단위나 도량형의 기준 역시 경제활동의 위해요소로 작용하고 있다는 점도 직시하고 있었다. 아울러 나폴레옹 점령 하에서 관리생활을 했던 시민들도 이전의 구체제적 특권사회로 복귀할 경우 자신들의 경력 및 출세가 불가능하다는 사실을 인지했기 때문에 구질서체제로의 복귀보다는 통일된 이탈리아 수립에 일조하려고 했던 것이다.

이 당시 이탈리아는 내적 자유화 과정에서 국가 통일을 지향하는 단계에 놓여 있었다. 그러나 여기서 문제점이 제기되었는데 그것은 중앙의회, 중앙정부, 그리고 국가적 단위의 조세기구가 결여되었다는 점이다.

빈에서의 폭동은 3월 17일 밀라노(Milano)에도 알려졌다. 다음 날 오스트리아지배에 대한 반발 및 그것에 따른 폭동이 카사티(G.Casati) 주도로 발생했는데 거기에는 하층민과 농민들도 대거 참여했다. 밀라노 시민들은 바리게이트를 쌓고 창문에서, 지붕위에서 돌을 던지고 끓는 물을 붓는 등 시가전을 펼치며 5일간 오스트리아 군대에 대응했다. 강력한 저항에 직면한 라데츠키(Radetzky)의 오스트리아군은 밀라노에서 일시적으로 철수해야만 했다.21) 이렇게 오스트리아군이 철수하게 됨에 따라 밀라노는 자유를 얻게 되었고 그들이 견디어 냈던 3월 18일부터 22일까지를 '영광의 5일'로 기리게 되었다. 이후 밀라노에서는 임시정부가 구성되었는데 거기에는 중도파와 과격파(공화주의자)가 참여했다. 4월에는 마치니(Mazzini)도 임시정부에 참여했다.22) 이러한 상황 하에서 피에몬테-사르데냐의 알베르토가 오스트리아와의 해방전쟁에서 핵심인물로 부각되기 시작했다. 실제적으로 밀라노에서 폭동이 발생한 직후 밀라노의 정치가들은 알베르토에게 도움을 요청했는데 그것은 이들이 프랑스의 지원 및 하층민과 농민들의 동원을 포기했기 때문이다.23)

이탈리아의 저명한 역사가 삐에리(P. Pieri)는 이탈리아인들이 혁명을 두려워했던 알베르토에게 혁명적 과제를 위임시켰다는 주장

---

21) 82세의 라데츠키는 다른 폭동도시들로부터 후퇴하는 오스트리아군들을 모아 밀라노 폭동을 진압하려고 했다.
22) 마치니는 1830년 비밀결사인 카르보나리(Carbonari)당에 가입하여 활동을 펼치다가 마르세유로 망명했다. 여기서 그는 카르보나리 운동의 문제점을 파악했고 그것은 그로 하여금 일반 대중이 참여한 혁명운동의 필요성을 제기하게 했다. 이에 따라 마치니는 1831년 청년 이탈리아당(Young Italy Society)을 창설했고 이탈리아 국민에게 통일의 열망도 강조했다. 그는 3천명의 동지들과 함께 사보이 진출을 기도했으나 실패하고 스위스로 도망하여 유럽청년당을 건설했다. 이후 그는 영국으로 건너가 활동했다.
23) 이 당시 밀라노의 정치가들은 프랑스의 지원을 받을 경우 영토적 보상을 해야 하고, 하층민과 농민들을 동원할 경우 혁명이 보다 과격해 질 수 있다라는 우려도 표명했다.

을 펼쳤는데 그것은 알베르토가 혁명을 부정적으로 보았을 뿐만 아니라 혁명적 과제 역시 제대로 파악하지 못한데서 비롯된 것 같다.

그럼에도 불구하고 알베르토 역시 통합구상을 가지고 있었는데 그것은 북이탈리아 왕국을 건설한 후 이탈리아 반도에서 주도권을 장악한다는 것이었다. 그러나 이탈리아인들은 이러한 알베르토 구상에 대해 동의하지 않았다.

이 당시 영국은 오스트리아와 피에몬테-사르데냐 사이의 분쟁을 중재하려고 했다. 영국은 중재안에서 피에몬테-사르데냐가 롬바르디아 지방, 오스트리아는 베네치아 지방의 회복으로 만족해야 한다는 것을 강조했다. 이에 대해 알베르토는 부정적인 시각을 보였는데 그것은 그가 만일 이러한 중재안을 수용할 경우 그 자신이 민족운동에서 배제될 뿐만 아니라 마치니에게 민족운동의 주도권이 넘겨지리라는 우려도 했기 때문이다. 아울러 그는 프랑스가 제안한 동맹체제의 구축에도 반대했다.

1848년 7월 23일 라데츠키의 오스트리아군은 쿠스토자(Custozza)에서 이탈리아군을 격파했고 그것은 빈 정부가 반혁명세력을 견제하는 계기가 되었다.24) 1848년 8월 6일 오스트리아는 밀라노를 다시 점령했다. 이에 따라 피에몬테-사르데냐는 8월 9일 빈 정부와 휴전을 체결하게 되었다. 이후 교황령과 토스카나에서 과격현상이 발생했다. 1848년 11월 15일 교회령의 수상였던 로시(P. Rossi)가 암

---

24) 라데츠키는 1848년 6월 11일 비쎈차(Vicenza)전투에서 이탈리아군을 격파하여 베네치아의 거의 대부분을 회복했다.

살됨에 따라 교황은 로마를 떠나야 되었고 이 도시는 일시적으로 공화주의자였던 마치니에 의해 통치되었다.[25]

이후 알베르토는 오스트리아와의 전투재개를 거부했다. 그럼에도 불구하고 알베르토와 오스트리아 사이에 전투는 재개되었고 여기서 알베르토의 군대는 노바라(Novara)에서 대패를 당했고 그것은 그의 퇴위를 강요하는 계기가 되었다.[26]

이후 오스트리아는 이탈리아 북부지역에 대한 지배권을 재확보했다. 즉 빈 정부는 1849년 4월부터 토스카나와 교회령 북부지역에 대한 점유권을 다시 주장 할 수 있게 되었던 것이다.

이탈리아 반도에서 진행된 통합운동은 아무런 성과 없이 끝났다. 그러나 정치 활동에서 자유주의적인 요소들이 반영되었다는 것과 피에몬테-사르데냐를 중심으로 통합운동이 지속적으로 전개되었다는 것을 혁명의 성과로 제시할 수 있을 것이다.

---

25) 밀라노가 오스트리아군에 의해 재점령됨에 따라 혁명의 주체세력은 로마로 이동하여 자신들의 과제를 성취하려고 했다.
26) 알베르토는 1852년 자신의 아들인 비토리오 에마누엘레 2세(Vittorio Emmanele Ⅱ)에게 왕위를 넘겼다.

8장. 러시아 혁명

1. 혁명 이전의 상황

1901년부터 러시아에서는 정치가나 사회저명인사에 대한 테러행위가 빈번해졌다. 이에 따라 플레베(Плеве В.К.) 내무장관은 지방정부의 자치권을 완전히 박탈했을 뿐만 아니라 노동운동도 약화시켰다.[1] 아울러 그는 첩자의 침투를 통해 노동운동과 관련된 조직마저 와해시키려고 했다.[2] 그렇지만 사회혁명당은 1902년 마르크스의 이념을 수용한다는 입장을 공식적으로 천명했다. 다음해 6월 30일 제 2차 사회노동당 전당대회가 브뤼셀(Brüssel)과 런던에서 개최되었는데 거기서 사회노동당은 소수파인 멘셰비키(Mensheviks: J.O. Martow/ G.W. Plechanow/L. Bornstein)와 다수파인 볼셰비키

---

1) 1872년 마르크스의 '자본론'이 번역 출간되었고 사회민주당은 1898년에 창설되었다.

2) 플레베를 중심으로 구성된 궁정 모임에는 황실측근인사들이 대거 참여했는데 이들은 전제정체제를 러시아에 가장 적합한 정부형태로 간주했다.

(Bolsheviks :Lenin)로 분리되었다. 이 당시 멘셰비키는 러시아를 사회주의화시켜야 한다는 주장을 펼쳤다. 아울러 이들은 중앙에서 당 조직을 일괄적으로 통제하지 않고 지방의 조직들에게 독자적 운영권을 부여하여 중산 계층도 혁명에 참여할 수 있게 해야 한다는 견해를 제시하기도 했다. 이에 반해 레닌이 주도한 볼셰비키는 소수의 전문적 혁명 조직을 통해 정권을 탈취해야 한다는 입장을 밝혔다.3) 런던회의에서 레닌의 견해가 다수견해로 수용되었다. 이후 양파는 1906년 일시적으로 통합되었다가 1912년에 가서 완전히 분리되었다.

1904년부터 시작된 일본과의 전쟁에서 러시아 정부의 부패와 무능은 부각되기 시작했다. 점차적으로 러시아는 혼란적인 상황에 놓이게 되었다. 1905년 1월 초 페테르부르크(Peterburg)에서 노동자들이 파업을 전개했는데 그 후유증은 의외로 심각했다. 같은 해 1월 22일 가폰(Гапон Г.А.) 신부의 인도로 많은 군중들(140,000명)이 페테르부르크의 겨울 궁, 즉 에르미타쉬 궁에 가서 차르 니콜라이 2세에게 진정서를 제출하려고 했는데 그것은 이들이 아직까지 황제에 대한 믿음을 가졌기 때문이다. 진정서에서는 도시노동자들의 빈곤화, 자의적인 전제정, 그리고 부패관리들의 전횡 등이 거론되었다.4) 아울러 여기서는 정치활동의 자유, 제국의회의 소집, 그리

---

3) 레닌은 서구화된 지식인으로서 기존의 질서체제타파를 자신의 과제로 인식했고 그것의 이행하는 과정에서 제기된 어떠한 타협에 대해서도 동의하지 않았다. 아울러 레닌은 러시아의 상황을 극복하기 위해서는 혁명적 방법을 동원시켜야 한다는 것도 인지했다.
4) 여기서는 최저임금제(하루 일 루블)의 도입도 거론되었다.

고 노동자들의 파업권 등도 언급되었다.

군중들이 겨울 궁에 도착하자 궁을 지키던 경비병들은 이들을 향해 총격을 가했고 거기서 수백 명의 사상자가 발생했다. 이에 따라 러시아 전역에서는 혁명적 소요가 발생했는데 그것은 파업, 집회, 그리고 암살의 형태로 나타났다.[5] 점차적으로 노동자들은 총파업을 요구하게 되었고 그러한 요구에 멘셰비키, 볼셰비키, 사회적 혁명주의자, 무정부주의자들이 동조하는 자세를 보였다. 아울러 이들은 체계적 조직의 필요성을 인식하게 되었고 1905년 10월 26일 노동자 평의회(Sowjet)를 결성했다. 거의 같은 시기 입헌민주당(Kadet)도 창당되었는데 여기에는 반사회주의적인 인사들이 대거 참여했다.

상황의 심각성을 파악한 비떼(С.Ю.Витте)는 개혁의 필요성을 인식하게 되었고 그것은 그로 하여금 개혁을 구상하게 했다.[6] 이후 비테는 자신의 구상안을 니콜라이 2세에게 보고했고 황제 역시 그러한 구상안에 동의했다. 1905년 10월 30일 비테는 '10월 선언'을 발표했는데 거기서는 러시아의 모든 신민들이 자유시민으로서의 제 권한, 즉 언론·집회·결사 및 인신상의 자유를 보장받는다

---

5) 일부 지역, 비러시아 인들이 많이 거주했던 지역에서는 자치권이 요구되기도 했다.

6) 이 당시 비테는 산업화를 촉진시키기 위한 정부주도의 경제정책과 국가의 강력한 간섭정책을 선호했다. 이에 따라 그는 러시아가 10년 이내에 경제적으로 선진유럽국가 들을 추월해야 한다는 계획을 수립했고 그것을 현실화시키기 위해 일련의 경제개혁정책(금본위제도의 확립, 주류에 대한 국가전매사업, 외자유치 등)도 추진하고자 했다.

는 것이 언급되었다. 아울러 두마(Duma)를 입법기구로 인정한다는 것 등도 거론되었다. 이러한 조치에 대한 자유주의자들은 만족했다. 그러나 사회주의자들은 비테의 구상에 만족하지 않았을 뿐만 아니라 새로운 파업도 구상했다.

1905년말에 접어들면서 니콜라이 2세의 권위는 회복되기 시작했다. 1906년 5월 10일 제 1차 국가두마가 개원되었다. 179석의 입헌민주당이 제 1당으로 등장했고 과격농민단체는 79석을 차지하여 제 2당으로 부상했다.[7] 그러나 멘셰비키와 볼셰비키는 국가두마에 참여하지 않았다.[8] 국가두마에서는 러·일전쟁의 책임이 거론되었을 뿐만 아니라 폴란드 및 핀란드의 자치허용도 요구되었다. 아울러 정치범의 즉각적인 석방도 실천의제로 선정되었는데 그것에 대한 니콜라이 2세의 반응은 부정적이었다. 이에 따라 니콜라이 2세는 제 1차 국가두마를 해산시켰다.

1906년 동해함대의 해군들이 크론슈타트(Kronstadt)에서 폭동을 일으켰다. 같은 해 8월 13일 제 1차 '전러시아 농민총회'에서 개최되었는데 거기서는 전국토의 국유화가 요구되었다. 상황이 이렇게 전개됨에 따라 니콜라이 2세는 1906년 9월 1일 보수적 성향의 스톨리핀(Столыпин П.А.)을 새로운 수상으로 임명했다. 이 인물은 혁명세력을 견제하면서 이성적 정치를 펼치려고 했다. 즉 그는 노동자대신 건전한 유산자를 육성할 경우 러시아를 재건시킬 수 있다는 확신을 가졌던 것이다. 따라서 이 인물은 혁명파를 철저히

---

7) 과격농민단체는 1905년에 창당되었다.
8) 이들이 국가두마에서 차지한 의석은 18석에 불과했다.

탄압했을 뿐만 아니라 농업개혁을 단행하여 농민공동체(mir)대신에 토지 소유농민계층도 창출하려고 했다. 그러나 러시아의 농민공동체는 여러 측면에서 농민들에게 유리했던 제도였다. 이 농민공동체는 공유지, 농기구, 그리고 수리 시설 등을 공동으로 경영했을 뿐만 아니라 지방 관리들에 대한 농민들의 결속을 보다 공고히 하는 매개체역할도 담당했다. 아울러 이 공동체는 기근과 흉작을 대비한 일종의 사회보장제도의 기능도 가지고 있었다.[9]

스톨리핀의 토지개혁의 핵심은 농민공동체를 신속히 해체시키는 데 있었다. 공동체에 대한 차르정부의 태도변화는 1905년부터 야기된 농촌의 혼란상황에서 비롯되었다 하겠다. 자기 것과 남의 것을 구분하지 못하던 러시아의 농촌사회는 공동으로 행동하며 자신의 행동에 대한 어떠한 책임도 두려워하지 않았기 때문에 혼란상황이 재연될 개연성은 항상 상존했다. 따라서 공동체의 해체뿐만 아니라 농민들을 분산 거주시켜야 할 필요성도 대두되었던 것이다. 이에 따라 지방행정의 재조직과 자치권 부여라는 문제가 스톨리핀 개혁의 또 다른 과제로 부각되었다. 그것은 기존의 관료 및 경찰조직을 동원하여 농촌통제체제를 해체시켜야 할 뿐만 아니라

---

9) 그러나 토지의 공동이용은 농민계층의 분해를 지연시켜 자영농 계층의 형성을 가로막는 장애물이기도 했다. 더욱이 지속된 기근과 수확량의 감소로 위협을 받던 러시아의 농촌경제는 토지소유 형태의 근본적 변화를 요구했다. 실제적으로 농지의 공동이용은 토지분할을 곤란하게 함으로써 농민들이 토지를 담보로 대출받기도 어려웠다. 따라서 농민들에게 공동체를 자유롭게 떠날 수 있는 권리를 부여해야 한다는 문제는 이미 오래 전부터 논의된 사안이었다. 그러나 19세기말부터 농민공동체의 해체를 주장한 개혁가들조차 토지의 사유화는 수세기에 걸친 작업이 되리라는 판단을 하고 있었다.

농촌의 신분제 역시 타파시켜야 한다는 것을 의미했다. 스톨리핀은 자신의 개혁을 관철시키기 위해서는 우선 각 지방 지사의 권한을 강화시켜야 한다는 생각을 가지고 있었다. 아울러 그는 농촌거주민들에게 지역행정참여권을 부여하여 주지사가 관할하던 지역협의체에도 참여시키려고 했다. 그러나 이러한 개혁정책은 지주계층의 강력한 반발을 초래시켰고 그것은 그의 개혁정책을 좌절시키는 결정적인 요인이 되었다.10)

 스톨리핀이 암살된 이후 내무상 마클라코프(Маклаков Н.А.)는 전제군주정을 복원시키려는 일련의 반개혁적 조치들을 시행했다. 그는 국가두마를 입법기관에서 입법협의체로 전락시키기 위해 차르정부와 두마간의 대립을 유발시켰다. 그는 1905년 이후 시행된 개혁정책들을 비판했을 뿐만 아니라 국민 대다수 역시 그것에 동조하지 않고 있다는 주장도 펼쳤다. 여기서 그는 보수적 인민들과 결합한 전제군주만이 러시아의 개혁을 완수할 수 있으며 기아선상에 있는 국민들의 생활수준 역시 향상시킬 수 있다는 견해를 제시했다. 또한 마클라코프는 반독점법을 제정하여 민간경제 분야에 대한 정부의 간섭을 강화시키고자 했다. 아울러 그는 국가가 경제 및 재정문제의 해결과정에서 주도적 역할을 담당해야 한다는 관점도 피력했다. 또한 그는 농업분야를 활성화시키기 위해 국가예산의 증액이 필요하다는 것을 인지했기 때문에 그러한 내용을 담은 개혁안을 국가두마에 제출했다. 그러나 그의 개혁안은 논의과정에

---

10) 스톨리핀은 1911년에 암살되었다.

서 산업자본가들과 토지귀족들 간의 대립을 격화시켰을 뿐만 아니라 입헌군주제의 근간마저 흔들리게 했다. 더욱이 산업자본가들과 토지귀족들 간의 갈등은 차르정부와 국가두마간의 관계를 악화시킴으로써 혁명세력의 대항 축인 우익세력의 분열을 초래시키고 말았다.

1907년 2월 20일 제 2차 국가두마 (518 명)가 활동을 펼치기 시작했는데 여기에는 이전의 국가두마와는 달리 222명의 사회주의자들이 참여했다. 이후 사회주의자들은 자신들의 관점을 국가두마에서 관철시키려는 노력을 지속적으로 펼쳤고 그것은 차르정부와의 충돌을 야기시키는 요인도 되었다. 이에 차르는 7월 2일 제 2차 국가두마를 강제로 해산시켰다. 아울러 그는 선거법개정을 통해 보수주의자들이 국가두마에서 다시 다수세력으로 등장하게끔 했다. 새로운 선거법의 시행으로 사회주의자들의 국가두마진출은 불리하게 되었고 그것은 1907년 11월 1일에 개원된 제 3차 국가두마 (442 명)에서 확인할 수 있다.[11]

러시아는 1914년 8월 1일 제 1차 세계대전에 참전했다. 단기전을 예상했던 러시아는 전쟁이 장기화되면서 위기에 봉착하게 되었다. 즉 러시아는 여러 부분, 식량, 석유, 그리고 기계 부분에서 부족 현상을 느끼게 되었고 그 강도는 시간이 갈수록 심화되었다.[12]

---

11) 제 3차 국가두마에서 사회주의자들이 차지한 의석은 33석에 불과했다.
12) 전 내무상이었던 두르노보는 러시아가 전쟁에 개입할 경우 러 · 일전쟁의 패배보다 더 큰 위험에 직면하게 되리라는 경고를 했다. 실제적으로 러시아가 전쟁에 참여한 이후 약 2,900만 명의 병사들이 전선에서 목숨을 잃거나, 부상을 당했다. 그리고 러시아가 입은 물적 손실 역시 당시 러시아경제

러시아황후 알렉산드라 표도로브나(Александра Федоровна)의 총애를 받던 라스푸틴이 1916년 12월 30일 암살을 당했다. 이 당시 알렉산드라 표도로브나는 실추된 황제권을 회복시키기 위해 라스푸틴을 매개로 러시아정교의 지지를 획득하려고 했을 뿐만 아니라 차르의 지지기반인 농민과 교회를 결합시키려고도 했다. 즉 그녀는 차르를 신뢰하던 농민들과 성직자들의 지지를 받아 정부관리들에게 대항하려고 했던 것이다. 라스푸틴은 황후의 비호 하에 고급관리임명에 관여하기 시작했다. 전제적인 전통 및 분위기하에서 성장했던 니콜라이 2세와 황후에게 국가제도와 법은 아무런 구속력도 없었다. 2년 반에 걸친 전쟁기간에 내무상이 6번 바뀔 정도로 황후와 라스푸틴의 국정간섭은 극에 달했고 그 결과 각료들 역시 자신들의 정책을 제대로 펼칠 수 없었다.[13] 라스푸틴이 암살된 이후 러시아 전역에서는 소요가 발생했는데 그것은 전쟁의 장기화와 식량부족에서 기인된 것 같다.

1917년 3월 10일 니콜라이 2세는 3월 8일부터 시작된 소요를 강압적으로 진압시키려고 했다. 군부가 황제의 명령을 일단 수용하게 됨에 따라 황제는 국가두마 의장이었던 로드지안코가 제안한 국가두마에 대해 책임지는 내각구성을 거절했다. 같은 해 3월 12일 멘셰비키 주도하에 국가두마 임시평의회가 구성되었다. 여기서

가 감당할 수 없는 거액, 즉 3,000억 달러(1918년의 구매력을 기준)에 달했다.

13) 라스푸틴이 암살을 당한 후 교육상 이그나티예프는 차르에게 "라스푸틴의 암살은 신의 가호였다"라고 보고할 정도였다.

는 국가 및 사회공공질서회복의 필요성이 제기되었다. 그러나 인민 소비에뜨(Sowjet: 노동자-농민-병사 협의회)14)는 케렌스키(Керенский А.Ф.)가 참여한 임시정부에 불참했다.15) 전쟁을 지속한 임시정부는 전쟁을 식량난을 비롯한 경제적 위기를 극복하지 못했다. 전제체제를 붕괴시킨 혁명적 상황 하에서 농민, 노동자, 그리고 병사들은 보다 많은 것을 요구했고 일부 대중들 역시 점점 더 과격화되었다. 이에 따라 임시정부는 4차례나 내각개편을 단행했지만 민주화, 경제안정, 그리고 전쟁수행이라는 과제를 해결하지는 못했다.

2. 혁명의 전개과정

1917년 3월 17일 니콜라이 2세는 황제직에서 물러났다. 그의 동생였던 미하일은 황제계승을 거부했고 그것은 로마노프왕조의 종말을 가져왔다.16) 이 당시 볼셰비키의 주요 인사들은 러시아에 없었다. 레닌은 스위스에 있었고 트로츠키는 뉴욕에 머무르고 있었

---

14) 노동자 소비에뜨는 1,000명당 1인, 병사 소비에뜨는 250명당 1인의 비율로 대표를 선출했다. 총노동자의 87%가 참여한 이 선거에서 모두 846명의 대표가 선출되었다. 공장노동자 소비에뜨는 6월에 전국적으로 500개, 그리고 10월에는 900개가 결성되었다. 이후 공장노동자 소비에뜨는 다시 구역별, 시별, 지역별, 전국회의규모로 조직되었다. 이들 조직은 선거 및 투쟁의 방법으로 민중을 동원하거나 그들의 여론을 수렴했기 때문에 혁명 이후 행정기구의 역할을 실질적으로 수행했다.

15) 르보프 공작이 주도한 정부에는 입헌민주당과 온건파가 다수 참여 했다.

16) 로마노프왕조는 1613년부터 러시아를 지배했다.

다. 스탈린은 러시아에 남아 있었으나 시베리아에서 유형생활을 하고 있었다. 1917년 4월 16일 독일정부의 복안에 따라 레닌이 러시아로 돌아왔다. 이 당시 독일참모부는 반전을 지향하던 레닌을 귀국시켜 러시아를 연합군의 진영으로부터 이탈시키고자 했다. 레닌은 이론가라기보다는 실천적인 혁명가였다. 그는 현실감각과 판단력이 뛰어났을 뿐만 아니라 과감성도 가지고 있었다. 그는 4월 강령에서 임시정부를 대신하여 소비에트가 정권을 장악해야 한다는 입장을 밝혔다. 점차적으로 지방의 많은 자치기구들은 소비에트와 협조하는 자세를 보였다. 레닌은 전쟁의 종결 및 토지의 국유화에 대해서도 언급했다. 이 당시 임시정부의 국방장관이었던 케렌스키는 1917년 6월 국민의 사기를 진작시키기 위해 전선에서 대대적인 공세를 펼쳤으나 아무런 성과도 거두지 못했다. 이에 따라 식량난과 물가고는 이전보다 더욱 심화되었다. 이렇게 상황이 임시정부에게 불리하게 전개됨에 따라 볼셰비키는 페테르부르크에서 7월반란을 일으켰지만 성공을 거두지는 못했다. 그리고 이 과정에서 주도적 역할을 담당했던 레닌과 그의 측근들은 러시아를 떠나야만 되었다.17)

  1917년 7월 21일 케렌스키는 새로운 내각, 즉 3차 내각을 구성했지만 오랫동안 지속되지는 못했다.18) 이 당시 사병들은 명령불복종운동을 전개했고 농민들 역시 타인의 토지를 임의적으로 강탈

---

17) 반란이 실패로 끝나게 됨에 따라 레닌은 핀란드로 도피했다.
18) 8월 31일까지 유지된 이 내각에는 7명의 자유자의자들과 8명의 사회주의자들이 참여했다.

했다. 1917년 9월 9일 자신의 면직에 대해 불만을 가졌던 코르니로프(Корнилов Л.Г.) 장군이 쿠데타를 일으켰다.[19] 이러한 시도로 케렌스키 정부는 약화되었고 군부의 반정부적 태도도 강화되었다. 이러한 상황 하에서 볼셰비키는 페테르부르크와 모스크바의 소비에트를 장악했다.

　1917년 10월 하순 러시아로 돌아온 레닌은 트로츠키와 더불어 무장봉기를 계획했다.[20] 이러한 구상에 대해 카멘예프가 반대의견을 중앙위원회에서 제시했지만 레닌의 계획을 무산시키지는 못했다. 1917년 11월 4일 대규모 시위와 대중 집회가 개최되었고 3일 뒤인 11월 7일에는 무장봉기도 일어났다. 다음날 소비에트인민위원회가 조직되어 레닌이 의장에, 트로츠키가 외무인민위원에, 스탈린이 민족인민위원에 임명되었다. 이어서 소비에트인민위원회는 몇 가지 중요한 사안들, 즉 ①사유재산을 철폐한다. ②토지를 무상 몰수한다. ③은행을 국유화시킨다. ④남·여 평등권을 보장한다. ⑤교회와 국가를 분리시킨다. ⑥계급적 특권을 폐지시킨다 등을 발표했다. 이제 남은 문제는 제헌의회의 구성이었다. 1918년 12월 8일의 총선거에서 대중의 광범위한 지지를 받은 것은 볼셰비키가 아니라 러시아 민족주의에 충실했던 사회혁명당이었는데 이 당은 선거에서 62%의 지지를 얻었다.[21] 그러나 볼셰비키는 이러한 선거

---

19) 이 당시 자유주의자, 장교집단, 그리고 왕조의 잔재세력은 코르니로프를 지지했다.
20) 5월에 귀국한 이 인물은 유대계 러시아인으로서 뛰어나 문필력을 가지고 있었다.
21) 볼셰비키는 이 선거에서 25%의 지지를 받았을 뿐이다.

결과에 승복하지 않으려고 했다. 제헌의회에 권력을 위임하는 것
자체를 시민 계층과 다시 타협하는 것으로 인식했던 볼셰비키는
1918년 1월 18일 제헌의회를 해산하고 볼셰비키이외의 모든 정당
활동을 중단시켰다. 같은 날 볼셰비키의 지도자들은 전러시아 소
비에트회의를 개최했다. 여기서 이들은 신헌법을 제정하고 '러시아
소비에트연합사회주의'를 공식적으로 출범시켰다. 당 이름도 러시
아공산당으로 고치고 수도도 모스크바로 옮겼다. 1918년 6월 14일
중도적 사회혁명주의자들과 멘셰비키가 소비에트로부터 추방되었
다. 이에 중도적 사회혁명주의자들은 1918년 7월 6일 폭동을 일으
켰지만 실패하고 말았다.

이 당시 레닌은 전체주의정당론을 제시했다. 그는 오래 전부터
정당결성의 필요성을 강조했는데 그것은 대규모 유권자 동원에 정
당이 반드시 필요하다는 인식에서 비롯된 것 같다.22) 그러나 러시
아의 상황은 그러한 정당의 출현을 허용하지 않았다. 따라서 그는
'우리는 무엇을 할 것인가'라는 저서에서 대안을 제시했는데 그것
은 잡다한 모든 요소들을 정당에 포함시키지 말고 철저히 엄선된
인물들로 당을 구성해야 한다는 것이다. 즉 직업적 혁명가들로 구
성된 공산당에서 당원들은 당의 계획에 절대적 충성을 바쳐야 할
것이며, 잘 훈련된 군대와 마찬가지로 자신들의 상관으로부터 하
달되는 명령 역시 무조건 복종해야 한다는 것이었다. 이렇게 규율
을 갖춘 엘리트들이 좀 더 대중적인 조직체에 침투하여 그 속에서

---

22) 여기서 정당의 규모는 고려의 대상이 아니었다.

리더십의 지위를 차지하고 그들 수중에 들어간 조직체들을 향후 공산당의 권력행사를 위한 목표의 전달벨트로 활용해야 한다는 것이었다. 이러한 방법을 통해 핵심적 소수당원들은 자신들보다 수적으로 훨씬 많은 국외자들의 제반활동을 통제할 수 있을 뿐만 아니라 궁극적으로 그들을 혁명적 목표에 동원시킬 수 도 있다는 것이다. 이것이 바로 레닌이 러시아의 실제적 상황에 적용시키고자 했던 이론이었다. 혁명적 목표이행을 당 엘리트에 의존해야 한다는 레닌의 관점은 당시 사회주의에서 지향했던 것과는 상충된 것이라 하겠다. 마르크스와 엥겔스가 자신들의 이론을 제시할 때 미래의 혁명성격에 대해 규정했으나 혁명기에 나타날 프롤레타리아 정부가 어떠한 것인가에 대해서는 명확한 언급을 회피하고 단순히 독재체제라 했다. 아울러 이들은 혁명의 과정에서 다분히 엘리트적 감각을 가지게 하는 용어들, 예를 들면 '계급의식을 가진 프롤레타리아' 또는 '프롤레타리아의 전위대'를 사용했던 것이다. 레닌 및 그의 추종자들은 마르크스의 이러한 초기적 제 측면을 포착했고 그것들을 임의적으로 확대해석하는데 주저하지 않았다. 직업적 혁명가들로 구성된 자신들의 당이 프롤레타리아의 진정한 전위대라고 한 러시아의 사회주의자들은 자신들만이 프롤레타리아 중에서 가장 진보적이고 계급의식을 가진 요소이며, 그들만이 프롤레타리아 전체의 대변인역할을 할 수 있다는 주장도 펼쳤다. 아울러 이들은 자신들만이 프롤레타리아적 독재 권력을 행사할 수 있음을 강조했다. 마르크스주의의 이러한 해석에 따를 경우, 과연 프롤레타리아가 국민 대다수의 지지를 얻고 있는가 또는 당이 프롤레타리아 자체 내에서 민주적 주도권을 행사하는가, 혹은 그렇지 못한가의 문제는 이제 그들과는 전혀 무관한 사안들이었다. 다만 이들이 관심을 가지고 있었던 것은 적절한 자격을 갖춘 혁명적 엘리트가 반드시 권력을 쟁취해야 한다는 것, 그리고 그러한 권력을 프롤레타리아를 위한 강력한 독재체제수립에 사용해야 한다는 것이었다. 그러나 정통적 마르크스 이론의 관점에서 아직도 해결하지 못한 어려운 문제가 있었다. 다른 유토피안들로부터 자신을 구별하는 '과학적 사회주의'의 근본원칙은 바로 변증법적 유물론이었다. 프롤레타리아혁명의 필연성이라든지, 그리고 완전한 평등사회의 등장에 대한 믿음은 언제나 고도로 발달한 자본주의 경제체제의 존재를 요구했다. 그런데 차르의 러시아는 아직도 전자본주의 단계에 머물러 있었으므로, 이 국가에서 프롤레타리아혁명을 기대할 수 없다는 명백한 결론이 나온다. 그러면 러시아의 마르크스주의자들은 그들 이데올로기의 중요한 원칙을 손상시키지 않으면서 어떻게 자신들의 혁명행위를 완성시키려 했는가?

이러한 문제에 해답을 주려는 기도가 바로 레닌의 '제국주의'였다. 제 1차 세계대전 이전 수십 년 동안 유럽의 선진공업 국가들은 자신들의 식민지를 확장시키기 위해 극심한 경쟁을 펼쳤다. 레닌은 이러한 상황을 마르크스주의적인 용어로 분석했고 그것을 자본주의적 부패의 전형적 증상이라 결론지었다. 계속적으로 증대되는 생산품을 국내시장에서 소화시킬 수 없었던 선진공업 국가들은 식민지시장을 개척함으로써 한시적으로 그러한 문제를 해결할 수 있었다. 이 당시 서유럽의 자본가들은 식민지 노동의 막대한 잉여가치를 착취할 수 있었기 때문에 국내의 노동력을 완전히 착취하지 않아도 이윤을 낼 수 있었다. 따라서 마르크스가 예언했던 바와는 달리, 자본가들은 국내노동자들의 급료를 생존선까지 끌어내리지 않아도 자신들의 팽창은 가능했던 것이다. 이것이 소위 '빈곤의 해외수출'이며, 자본가들은 그러한 방식으로 서 유럽의 프롤레타리아들을 비교적 번성하게 했는데, 그로 인해 선진국가에서는 진정한 프롤레타리아계급의식의 대두가 오래 동안 지연되었다는 것이다. 그러나 이러한 것은 새로운 해외 식민지를 계속 획득해야 한다는 가정 하에서 가능했다. 그런데 제국주의가 팽창 할 수 있는 영역은 제한되었기 때문에 그러한 상황이 계속 유지될 수는 없었다. 이제 각 국가들은 제한된 식민지시장을 확보하기 위해 결사적 투쟁을 펼치는 자본주의체제의 마지막단계로 접어들게 되었고 거기서 제국주의적 전쟁형태를 취할 수밖에 없었다. 레닌에 의하면 제1차세계대전의 발발은 결국 그러한 단계가 이제 도달했다는 것, 그리고 완전히 성숙한 자본주의체제가 해체될 시기가 도래했음을 입증시켜 준 것을 의미했다.

이러한 조건하에서 경제적 후진지역에서의 혁명행위가 필연적이고 또 그것이 정당화되어야 하는 새로운 근거가 마련될 수 있었다. 러시아와 같이 산업발전이 늦은 국가들은 그 자체로서 자본주의자는 아니며 다만 그들은 서구의 자본주의체제를 연명시키는데 절대적으로 필요한 시장이요, 또한 염가원료 공급자에 불과했다. 만일 정치적 혁명이 성공하여 유럽 국가들로부터 그러한 지역을 통치하거나 착취하는 능력을 빼앗을 경우 모든 자본주의적 체제는 붕괴되고 말 것이다. 더욱이 식민지 지역의 주민들은 자신들의 경제적 낙후성 때문에 세계의 노동자들 중에서도 가장 오래 동안 착취를 당했다. 따라서 이 지역은 그 어느 곳보다도 혁명적 소요가 일어나기 쉬운 지역이었다. 여기서 레닌은 자본주의체제의 붕괴는 공업국가들 사이에서 시작되는 것이 아니라, 자본주의 세계를 둘러싼 식민지역으로부터 비롯될 것이라는 결론을 내렸다.

3. 혁명의 결과 및 의의

정권을 장악한 러시아공산당은 사상적 이념을 러시아인들에게 전달시키기 위해서는 문맹퇴치의 필요성을 인식하게 되었다. 이에 따라 러시아공산당은 1919년 12월 26일 문맹퇴치에 필요한 일련의 정책을 발표했다.

러시아 공산당이 정권을 장악한 이후 러시아의 경제적 상황은 호전되지 않고 오히려 악화되고 있었다. 그것은 도시민에게 배급되던 빵의 용량이 1/3이나 줄어 든 것과 연료부족으로 페테르부르크의 64개 공장이 일시적으로 가동을 중단한데서 확인할 수 있다. 이에 따라 공장 노동자들의 불만은 증대되었고 그것은 러시아 공산당으로 하여금 1921년 페테르부르크에 비상계엄을 선포하게 했다. 아울러 경제적 상황을 개선시키기 위해 러시아 공산당은 2월 22일 국가계획청을 신설했다.

1921년 2월 28일 16,000명의 러시아 해군이 크론슈타드에서 폭동을 일으켰다. 여기서 이들은 파업중인 노동자들과 공조하겠다는 입장을 밝히면서 다음의 사안들을 요구했다. 그것들은 첫째, 비밀 선거를 통해 소비에트를 재구성할 것 둘째, 연설 및 집회의 자유를 허용할 것 셋째, 노동자, 농민, 무정부주의자, 그리고 파괴적 사회당의 기본적 자율을 복권시킬 것 넷째, 혁명과정에서 쟁취한 모든 자유를 허용할 것 등이었다. 이에 레닌은 협상보다는 병력을 동원하여 문제를 해결하려고 했다.[23]

이후 레닌은 소비에트 사회에서 부각된 불만들을 완화시키기 위해 네프(НЭП)라 불리는 신경제정책을 추진했다.[24] 1921년 3월 제10차 공산당 대회에서 채택된 신경제정책(Новая Экономическая политика)은 농산물의 강제징발제를 세금제로 전환하고 물물교환제를 폐지하는 대신 농민들에게 잉여농산물을 시장에서 자유롭게 매매할 수 있게끔 허용했다. 아울러 물가의 급등을 막기 위해 통화안정정책도 펼쳐졌다. 그러나 볼셰비키정부의 이러한 경제개

---

23) 이 당시 레닌은 크론슈타드에서 발생한 폭동에 대해 큰 충격을 받았는데 그것은 그의 자서전에서 확인할 수 있다.
"크론슈타드는 그 무엇보다도 현실적 상황을 정확히 알려준 사건이라 하겠다. 폭동은 결코 우연이 아니다. 그것은 광범위한 사회적 소요 및 저항에서 비롯된 것이다. 전시 공산주의 시대의 경제적 위기가 정치적 위기로 바꾸었을 따름이다. 따라서 미래의 볼셰비즘은 위기적 상황에 놓여 있다 하겠다."
24) 사회주의적 경제체제는 지속적으로 증대되는 수요를 충족시키지 못하는 문제점을 가지고 있다.

혁조치는 매우 제한적인 성격을 띠고 있었다. 군사적 공산주의에서 신경제정책으로의 이행은 단지 경제제도에 국한될 뿐, 볼셰비키정권과 러시아의 여타 사회, 정치세력간의 타협을 의미하는 것은 결코 아니었다. 이 정책을 입안한 레닌에게는 볼셰비키 일당독재체제를 지지하는 당원들의 욕구를 충족시켜주는 동시에 소비에트사회의 경제발전을 위한 새로운 경제정책만이 필요했던 것이다.

레닌은 자본주의적 요소를 도입하여 국가주도의 경제정책을 펼침으로써 사회주의로의 점진적 이행을 시도한 개혁적 볼셰비키였다. 마르크스와 엥겔스 역시 구체제의 급속한 해체를 통한 새로운 사회의 구현은 사실상 불가능하며 자본주의에서 사회주의로의 이행은 완만하고 점진적으로 진행된다고 보았다. 따라서 네프정책은 강압적이고 급진적인 군사적 공산주의의 병폐를 일소하고 소비에트사회에 활력을 불어넣음으로써 볼셰비키 체제를 확립하고 안정시키는데 기여했다.

신경제정책의 시행결과 1927년에 이르러 소련의 산업생산은 1913년의 수준을 회복했다. 그러나 레닌을 승계한 스탈린은 신경제정책을 장기적인 개혁정책의 일환이라기보다는 사회주의체제 구축을 위한 하나의 단기적인 전략으로 해석했다.[25] 그는 신경제정책을 프롤레타리아 권력을 강화시키기 위한 도구에 불과하다는 입장을 견지함으로써 1927년부터 레닌의 개혁정책과 상반되는 농업의 집단화 정책과 정부주도의 공업화정책을 추진하기에 이르렀

---

25) 스탈린은 1927년 레닌으로부터 권력을 이양 받았다.

다.26) 즉 스탈린은 레닌이 신경제정책을 통해 추구한 시장적 사회주의와 정치적 다원주의에 대립되는 계획경제정책과 권위주의적인 정치체제를 수립했던 것이다. 그 결과 스탈린이 확립한 공산당 주도의 계획경제정책과 권위주의적 정치체제는 프롤레타리아 독재라는 개념을 공산당 독재라는 개념으로 와전시켰고 그것을 내정 불안 및 자본주의국가들의 소련 포위라는 구실로 1980년대 말까지 지속시킬 수 있었다.27)

---

26) 이 시기에 약 12,000,000명에 달하는 러시안 인들이 숙청 또는 기아로 목숨을 잃었다. 아울러 러시아 공산당은 노동조합의 견제기능을 박탈했는데 그것은 노동조합을 러시아 공산당의 하급조직으로 편입시키는 것으로 가능했다.

27) 스탈린은 공산주의 사회의 제 특징을 다음과 같이 언급했다. 공산주의 사회에서는 생산도구 및 생산수단의 사유화대신에 사회적, 집단적 소유가 구현될 것이다. 아울러 계급이나 국가권력은 존재하지 않고 근로인민이 자유로운 결사로서 경제문제를 처리하는 산업 및 농업의 근로인민들만이 존재할 뿐이다. 또한 계획적인 국민경제는 산업 및 농업분야에서 최고수준의 기술에 바탕을 둘 것이고 도시와 농촌, 산업과 농업사이의 대립은 존재하지 않고 생산물은 옛 프랑스 공산주의자들이 주장했던 것처럼 '능력에 따라 각자로부터, 필요에 따라 각자에게'분배될 것이다. 과학과 예술은 개화에 필요한 조건들을 공동으로 소유하게 될 것이며 각 개인은 일상적인 식량격정 및 '현존의 권력'에 적응해야 할 필요성에서 벗어나게 될 것이다.

9장. 동유럽의 혁명:벨벳 혁명
(Velvet Revolution)

1. 혁명 이전의 상황

일반적으로 18세기 및 19세기의 이데올로기들은 낙관적 성향을 가졌다. 인류의 진보가 필연적이라는 인식을 가졌던 사람들은 인류의 창조적인 힘을 갑자기 그리고 결정적으로 해방시켜 줄 혁명적 위기가 도래하리라는 기대를 했으며, 또 그러한 상황이 일어날 경우 사회는 그 자체의 자발적 자제력 때문에 정부의 강제라는 악이 대부분 또는 전혀 필요 없게 되리라는 믿음도 가지고 있었다. 공산주의 역시 이러한 궁극적 희망을 포기하지 않았지만 그러한 상황이 곧 실현되리라는 희망을 가지지는 않았다. 프롤레타리아독재를 통해 인류를 혁명적으로 구제하겠다는 공산주의는 기존의 폭발적이고 결정적인 과정대신에 장기적이고 고된 투쟁을 선택하게 된 것이다. 따라서 공산주의는 무계급적이고 무국가적인 유토피아

세계를 맞이하게 되리라는 약속대신에 프롤레타리아의 승리는 고통스럽고 자기 헌신적인 기간을 거쳐야만 달성될 수 있다는 견해를 제시했다. 여기서 공산주의는 프롤레타리아국가의 권력이 자본주의체제의 잔존세력을 분쇄하고 또 풍요한 미래사회의 경제적 기초가 굳건히 잡힐 때까지 무한적으로 사용되어야 한다는 주장도 펼쳤다. 즉 이러한 기간 동안 중요한 책임은 모두 특별히 훈련되고 헌신적인 당, 즉 정치적 효율성을 가져오기 위해서는 가장 잔인한 규율도 감수하는 그러한 당에게 귀속되어야 한다는 것이다. 이제 공산주의는 목표의식 있는 정치적 활동의 필요성을 인식하게 되었고, 혁명적 엘리트의 창조적 역할을 강조했다는 점에서 근대적 이데올로기 역사에서 하나의 전환점을 맞이했다 하겠다.

동유럽 및 중부유럽의 공산주의체제는 냉전의 상대방인 서방으로부터의 공격과 같은 무력이 아닌, 즉 외부로부터의 물리적 압력이 아닌 자체적 문제점으로 인해 붕괴되었다. 이러한 붕괴에는 그 체제에 속한 사람들의 정신적인 타락도 일조했다. 공존과 공생이라는 사회주의적 이상이 사라지고, 상호간을 감시하거나 훔쳐야 하는 인간성의 파괴라는 상황 하에서 체제를 유지시킨다는 것은 매우 힘든 일이었다.

사람들의 일상생활은 외양상 표출되는 것처럼 당과 국가의 지시 및 구호대로 움직이지는 않았다. 공산주의 이데올로기에 따른 구호처럼 이른바 '노동에 영광을' 더 많이 주는 정직한 노동일수록 그 대가는 더 적었다. 따라서 사람들은 '훔치지 않는 자는 자신의

가정을 훔친다.(*kdo nekrade, okrada vlastni rodinu*)'라는 또 다른 구호에
동의하는 자세를 보였다. 모두가 훔치지 않고서는 살아 나갈 수
없다는 뜻의 이 문구는 사회윤리뿐만 아니라 노동윤리에도 적용되
었다. 국영기업이나 협동농장에서 사람들은 건성으로 하는 노동과
적당주의 노동에서 비축한 힘을 퇴근 후에 사적인 부업이나 별장
이나 텃밭의 경작지를 위한 주말노동에 투여함으로써 국가와 공공
에 돌아갈 노동을 훔쳤다. 점차적으로 사람들의 크고 작은 별장들
과 당 간부들의 대규모 별장들은 국토의 구석구석을 잠식했고, 시
골주민들도 주말별장이나 텃밭의 건물들을 짓기 시작했다. 이후
사람들은 금요일만 되면 자신들만의 작은 식민지인 별장(vila)으로
떠났고 그것은 도시를 공동화시키는 요인이 되었다. 사람들은 자
신들의 별장을 개축하거나 별장내의 텃밭을 일구는데는 혼신의 노
력을 기울였지만 자신들의 직장 일에 대해서는 그렇지 못했다. 자
신과 자신의 안식처는 소중히 생각하면서도 공공주택 단지의 복도
와 거리가 더러워져도 남의 일로 방치해 버리는 현상이 광범위하
게 확산되었는데 그것을 지칭하여 공산주의 사회에서의 공중의식
황폐화라 한다.

  평등의 공산주의 사회라지만 모두가 적당주의 노동으로만 월급
을 받는 것도, 모두가 똑같은 월급을 받는 것도 아니었다. 노멘클
라투라(nomenklatura)와 같은 특수계층을 포함하여 최소의 노동으로
최대의 임금을 받는 계층이 있는 반면 광부, 화부, 방직 공장의 여
성근로자들처럼 고된 노동을 해야하는 계층도 있었고, 노동의 위

험도에 따라 임금의 수준이 다른 경우도 있었다. 그리고 일상생활에 필요한 기술, 상점에서 구입하기 어려운 소비재, 상부로부터의 영향력행사, 의료기술 등을 제공해 줄 수 있는 사람들은 자신들만의 특수 그룹을 형성하고 서로 도왔다. 그리고 이것은 바로 자신의 직장을 훔치고 국가경제를 훔치는 소위 지하경제의 토대가 되었다. '진열대 위에는 없어도 진열대 아래에는 있다(*co nebylo na trhu, bylo pod pultem*)'라는 말이 의미하듯이 훔치기는 만연되었고, 지하경제는 모든 것을 제공할 정도로 그 규모가 커졌다. 이제 정치적 탄압이라는 채찍의 대가로 제공하는 인간성의 파괴와 환경의 파괴라는 당근은 당근이 아니라, 결국 종말을 재촉하는 죽음의 독뿌리였고 그것은 경제 및 정치체제의 파탄을 유발시키는 결정적 요인도 되었다.

2. 혁명의 전개과정

1985년부터 고르바초프(M.Gorbačov)의 개혁과 개방정책의 물결이 1989년 동유럽혁명으로 이어지면서 동유럽 공산주의의 마지막 보루였던 체코슬로바키아에서도 혁명적 기운이 감돌기 시작했다. 1989년 11월 17일 나치독일에 대한 항거를 기념하는 50주년 기념 행사에서 참석 대학생들의 일부가 후사크(G.Husák) 정권에 반대하는 시위를 펼쳤고 그것은 경찰의 과격한 개입을 유발시켰다.[1] 진

---

1) 1969년 4월 17일 개혁파의 지도자였던 둡체크〔A.Dubček:인간의 얼굴을 한

압과정에서 적지 않은 학생들이 부상을 입었다. 이후 경찰의 만행을 규탄하는 시위 및 동조적 파업이 프라하뿐만 아니라 전국으로

사회주의(socialismus s lidskou tváří: 민주적 사회주의의 새로운 모델로서 정치적 다원주의와 시장경제원리를 도입하려고 했다)를 지향]를 대신하여 후사크가 체코 공산당의 당서기장으로 선출되었는데 그것은 소련의 개입, 즉 브레주네프 독트린(Brežněvova doktrína: 사회주의와 사회주의 공동체의 이익을 지키기 위해 이웃 사회주의 국가의 내정에 개입할 권리 및 의무가 구체적으로 명시)에서 비롯되었다 하겠다.

1968년 3월부터 시작된 개혁운동(reformní hnutí)으로 검열제도가 폐지되었고, 과거의 정치적 실책들에 대한 비판도 제기되었다. 뿐만 아니라 시민사회가 재건되었고, 새로운 사회단체들도 탄생했다. 민주적 사회주의의 실현을 목표로 제시한 비공산당 앙가주 클럽(Klub angažovaných nestraníku)이 등장했고, 정치적 재판으로 숙청된 사람들이 K-231이라는 단체를 조직했으며, 사회민주당이 재창당에 착수했다. 공산당 간부들에 대한 교체와 당 지도부의 변화가 있었고, 3월말에는 스보보다(L.Svoboda)를 대통령으로, 스모르코프스키(J.Smrkovský)를 새 의장으로 선출했으며, 내각도 개혁파인 체르니크(O.Černík)가 주도했다. 이에 따라 보수파의 노보트니(A.Novotný)는 당과 정부 양쪽에서 실권하게 되었고, 체코 사회는 새롭게 태어나기 위한 광범위한 개혁운동에 착수했다. 이른바 '프라하의 봄'이 도래한 것이다. 이러한 추세에 병행하여 공산당이 마련한 액션 프로그램(akční program)은 장차 체코슬로바키아의 정치체제의 기본원칙을 제시했는데 그것은 (권력분산에 기초한) 다원주의 정치제제를 근간으로 설정했다. 이후 공산당의 지도적 역할과 공산당에 의한 권력독점에 대한 비판의 제기되었을 뿐만 아니라 복수 정당제의 도입도 지향되었다. 아울러 시민권의 회복과 체코와 슬로바키아의 연방공화국 체제로의 전환도 모색되었다. 그러나 1968년 8월 20일 소련, 폴란드, 헝가리, 동독, 그리고 불가리아군으로 구성된 500,000 명의 바르샤바 동맹군이 체코슬로바키아의 국경을 침범했고 그것은 프라하의 개혁을 좌절시키는 결정적인 요인이 되었다.

1969년 4월 17일 후사크가 정권을 장악한 이후 실시된 대규모 숙청은 1971년까지 지속되었는데 그 과정에서 약 50만 명의 공산당원들이 당원자격을 박탈당했으며, 군 지도부의 17%와 경찰간부의 30%정도가 교체되었다.

확산되었고 그것은 후사크 정권을 붕괴시키는 결정적 요인이 되었
다. 1989년 12월 29일 그동안 반체제활동을 주도한 바츨라프 하벨
(V. Havel)이 대통령으로 선출됨에 따라 40년간 유지된 공산주의
정권은 종지부를 찍게 되었고, 체코슬로바키아는 새로운 전기를
맞이하게 되었다. 이웃의 다른 나라들과는 달리 한 사람의 희생자
도 없이 비단처럼 부드럽고 유연하게 진행되었다 하여 '벨벳혁명'
혹은 '비단혁명'이라는 명칭을 얻게 된 이 혁명으로 체코슬로바키
아는 오랜 전제주의체제를 청산하고 민주주의체제로 전환했으며,
국가명도 기존의 체코슬로바키아 사회주의 공화국(Cesko-slovenska
socialisticka republika: CSSR)대신에 체코와 슬로바키아 연방공화국
(Ceska a Slovenska federativni republika: CSFR)으로 변경되었다. 이 당
시 체코 측은 국호 명을 체코슬로바키아연방공화국(Ceskoslovenska
federativni republika: CSFR)으로 바꾸려 했으나 슬로바키아측의 반대
로 실현시키지 못했다.

　1948년 이후 40년 만에 찾아온 민주화는 선거를 통해 시작되었
다. 수십 개의 정당과 정치연합들이 참여한 1990년 6월 8일의 총
선에서 벨벳혁명을 주도한 시민광장(Obcanske forum:OF)이 체코 지
역에서 약 51%의 압도적인 지지를 획득했다. 슬로바키아 지역에서
도 시민광장의 슬로바키아측 파트너였던 시민단체(Verejnost proti
nasliii:VPN)가 승리함으로써 민주세력의 승리와 민주주의의 출발은
확실해졌다.2) 이에 반해 체코슬로바키아 공산당은 약 13%의 지지

---

2) 이 당시 시민단체는 46.6%의 지지를 받았다.

를 얻음으로써 군소정당으로 전락하게 되었다. 새롭게 구성된 국회는 하벨을 1990년 7월 5일 체코와 슬로바키아 연방공화국의 대통령으로 선출함으로써 1989년 11월부터 시작된 벨벳혁명은 종결되었다.

3. 혁명의 결과 및 후유증

그러나 40년간 지속되어 온 전체주의를 일시에 청산하고 민주주의체제를 정착시키며, 뿌리 깊은 중앙통제체제를 버리고 자유시장경제체제로 전환시킨다는 것은 그리 쉬운 일이 아니었다. 구체제의 청산에 따른 정치적 문제들과 국가경제의 사유화에서 비롯된 생산성저하, 고인플레이션, 실업증대 등은 체코와 슬로바키아 인들 간의 민족문제와 엇갈려 상승작용을 일으켰다. 이 당시 체코의 시민광장(OF)이나 슬로바키아의 폭력에 반대하는 시민단체(VPN)는 이러한 문제를 풀어 갈 능력이 없었다. 이들은 공산정권에 대항하기 위해 잠정적으로 힘을 합친 다양한 집단의 복합체들로서 정치적 견해와 지향하는 노선이 각기 달랐다. 이에 따라 1990년 6월 선거를 기점으로 시민광장은 와해되기 시작했고 거기서 3개의 정당이 등장했다.

시민광장의 와해가 가시화되면서 시민민주동맹(Obcanska demo-kraticka aliance:ODA)이 등장했는데, 이 동맹은 전통적이고 보수주의적 가치관을 토대로 체코의 이익을 대변했다. 그 다음으로 등장한 그룹은 재무장관인 클라우스(V.Klaus)가 이끄는 시민민주당(Obcanska demokraticka strana:ODS)으로서, 가장 많은 당원 수와 잘 정비된 조직, 강력한 지도력을 보유한 우파적 정당이었다. 1968년의 개혁운동이 실패로 끝난 후 시카고(Chicago)대학에서 2년간 수학했던 실용적 경제관료출신인 클라우스는 급속한 사유화와 경제에 대한 국가간섭배제라는 경제개혁을 제창하면서 자신의 지지기반을 넓혀갔다. 세 번째 그룹으로 시민운동(Obcanske hniti:OH)을 들 수 있다. 이 정당은 자유주의적 가치관을 표방한 중도적 정당으로서, 정당과 정파를 초월한 심정적인 지지를 받았지만 클라우스의 시민민주당보다 규모 및 세력에서 열세였다.

격변기의 체코 민주화운동을 주도한 시민광장의 해체와 때를 같이 하여 슬로바키아의 폭력을 반대하는 시민단체(VPN) 역시 붕괴되었다. 이후 메치아르(V.Meciar)의 민주 슬로바키아 운동(Hnuti za demokraticke Slovansko:HZDS)이 슬로바키아 정국을 주도해 갔다. 벨벳혁명이후 급속히 추진되었던 경제개혁은 경제적 수준이 체코지역에 비해 상대적으로 낮았던 슬로바키아 지역에 보다 많은 충격을 가져다주었다. 이를테면 냉전의 종식으로 이미 사양길에 접어든 군수산업이 집중되었던 슬로바키아 지역의 실업률은 체코 지역의 그것보다 3배 이상 높았다. 이러한 개혁의 부작용은 슬로바키아인들의 불만을 고조시켰을 뿐만 아니라 메치아르 및 그의 정당에 대한 지지율도 급격히 높이는 계기가 되었다. 특히, 메치아르를 지지하는 세력들은 급격히 증가했는데 그것은 프라하 중심의 중앙집권적 연방정부에 대해 강한 반발을 보였던 슬로바키아인들의 민족적 감정을 어느 누구보다도 자신과 자신의 정당을 위해 효율적으로 활용할 수 있었던 메치아르의 뛰어난 정치적 능력과 수완에서 비롯된 것이라 하겠다. 그러나 보다 빠른 개혁을 추진하려던 체코 측과 그것을 저지하려는 슬로바키아측간의 대립으로 메치아르는 1991년 4월 27일 슬로바키아 공화국의 수상직에서 물러났다. 나아가 연방의회에서 슬로바키아 대표들의 반대로 새로운 연방헌법의 채택이 무산됨에 따라 연방공화국의 앞날은 그리 밝지 못했다.

개혁과 민주화의 추진을 둘러싼 체코 측과 슬로바키아 측의 2년간에 걸친 알력과 반목은 1992년 6월의 선거에서 그 절정을 맞이하게 되었다. 체코공화국의 급진적 개혁파였던 클라우스의 시민민주당(OSD)이, 슬로바키아공화국에서는 그것에 반대하는 메치아르의 민주 슬로바키아운동(HZDS)이 각기 30%가량의 지지율을 확보하면서 제 1당으로 부상했다. 이제 두 당은 각 공화국의 여당이 되었으며, 두 정치가는 각 공화국의 수상이 되었다. 서로 간의 정치적, 경제적 노선과 방향이 판이하게 다른 두 정당이 연방정부와 연방의회를 이끌어 갈 수 없다는 것은 자명한 사실이었다.

곧이어 실시된 연방의회의 대통령선거에서 슬로바키아측 대표들이 체코측이 내세운 하벨에 대한 지지를 거부함에 따라 하벨은 1992년 7월 17일 대통령직에서 사임했다. 이어 클라우스의 시민민주당과 메치아르의 민주슬로바키아운동은 체코슬로바키아연방(Cesko-slovenska federace) 해체에 대한 회담을 펼쳤고 1992년 7월 23

일 체코슬로바키아연방을 해체하기로 합의했다. 1992년 11월 25일 연방의회는 1992년 12월 31일을 끝으로 체코슬로바키아(Ceskoslovensko)의 소멸을 의결했고, 이보다 앞서 1992년 9월 3일 슬로바키아 민족회의가 독립슬로바키아 공화국 헌법을 채택한데 이어 체코민족회의 역시 1992년 12월 16일 체코국가의 헌법을 승인했다. 1993년 1월 1일자로 유럽의 지도에는 체코공화국(Ceska republika: CR)과 슬로바키아공화국(Slovenska republika: SR)이 새로운 독립국가로 등장했다.3)

---

3) 체코와 슬로바키아의 역사를 거슬러 올라가 보면 두 민족의 분리와 통합을 거듭해 왔다는 사실을 쉽게 알 수 있다.

■참고문헌

● 개설서

강준창 · 정민희 · 이주영 · 이재 공역, 로버트 파머, 서양근대사, 삼지원,
　　　　1985.
권세훈 역, 페터 벤데, 혁명의 역사, 시아출판사, 2004.
나종일, 영국근대사연구, 서울대 출판부, 1979.
박지향, 영국사, 까치, 1999.
이홍구 역, 프레데릭 왓킨스, 근대 정치 사상사, 을유문화사, 1973.
이정희, 동유럽사, 대한교과서주식회사, 1987.
이민호, 독일사, 대한교과서주식회사, 1996.
진원숙 역, 노먼 F.캔토 · 사무엘 버너, 서양근대사 1500 – 1815, 혜안, 2000.

J.Bowle, *Geschichte Europas*(1985).

E.M.Burns, *Western Civilization*, 2 vols., 8th ed.(1973).

K.Fuchs · H.Raab, *Wörterbuch Geschichte*(1998)

J.P.Mckay · B.D.Hill · J.Buckler, *A History of Western Society*, 5th ed.(1995).

K-J.Matz, *Europa Chronik. Daten europäischer Geschichte von der Antike bis zur
　　　　Gegenwart*(1999).

W.Simpson · M.Jones, *Europe 1783-1914*(2000).

C.Tilly, *Die Europäischen Revolutionen*(1999)

● 전문서

고봉만 역, 프레데릭 블뤼슈, 프랑스 혁명, 한길사, 1999.

김쾌상 역, G. 리히트하임, 사회주의 운동사, 까치, 1983.

김민제, 프랑스혁명의 이상과 현실, 역민사, 1999.

김장수, 프란티셰크 팔라츠키의 정치활동, 서울대학교출판부, 2001.

김인중 역, 조르주 뒤보, 1848년: 프랑스 2월혁명, 탐구당, 1993.

김응종 역, F. 퓌레, 프랑스 혁명사, 일월서각, 1990.

길현모 역, G. 브라운, 19세기 유럽사, 탐구당, 1980.

노명식, 프랑스 제3공화정 연구, 탐구당, 1976

민석홍 역, 프랑스 혁명사론, 까치, 1988.

민석홍, 서양근대사 연구, 일조각, 1975.

이재석 역, E. 켈너, 민족과 민족주의, 예하출판사, 1988.

이세희 역, A. 소불, 상퀴로트, 일월서각, 1990.

한은경 역, 안토니 파그덴, 민족과 제국, 을유문화사, 2003.

홍치모 역, 로버트 포스터, 근세 서구 혁명의 분석, 청사, 1985.

안병직 역, 미하엘 슈튀르머, 독일 제국 1871-1919, 을유문화사, 2003.

이민호, 근대독일사회와 소시민층, 일조각, 1992.

이정희, 러시아혁명과 노동자, 느티나무, 2003.

이극찬 역, 피터 비렉크, 보수주의론, 을유문화사, 1959.

이인호 역, J.D. 윌킨슨, 지식인과 저항, 문학과 지성사, 1984.

정도영 역, 에릭 홉스봄, 혁명의 시대, 한길사, 1998.

윤승준 역, 찰스 틸리, 유럽혁명 1492-1992:지배와 정복의 왕조, 새물결,
       2000.

차기벽 역, 크레인 브린턴, 혁명의 해부, 학민사, 1983.

최갑수 역, A. 소불, 프랑스 대혁명사 2권, 두레, 1984.

최갑수 역, M. 보벨, 왕정의 몰락과 프랑스혁명, 일월서각, 1987.

M.Agulhon, *1848*(1973).

G.E.Aylmer, *Rebellion or Revolution? England 1640-1660*(1986).

B.Bailyn, *The Ideological Origins of the American Revolution* (1967).

M.Beloff, *The Age of Absolutism*(1967).

C.Brinton, *die Revolution und ihre Gesetze*(1959).

J.Burckhardt, The Civilization of the Renaissance in Italy(1951).

V.Chernov, *The Great Russian Revolution*(1966)

G.Craig, *Europe since 1815*(1974).

G.Craig, *Germany 1866-1945*(1980).

O.Dann, *Nation und Nationalismus in Deutschland 1770-1990*(1993).

W.Dayle, *Origins of the French Revolution*(1988).

J.Dunn, *Moderne Revolutionen*(1974).

M.Ferro, *October 1917:A Social History of the Russian Revolution* (1980)

S.Fitzpatrick, T*he Russian Revoution 1917-1932*(1982).

A.Fletcher, *Tudor Rebellions*(1968).

J.A.Goldstone, *Revolution and Rebellion in the Early Modern World*(1991).

A.Goodwin, *The French Revolution*(1953).

T.Hamerow, *Restoration, Revolution, Reaction 1815-1871*(1960).

W.Hardtwig, *Revolution in Deutschland und Europa 1848/49* (1999).

D.Hirst, *Authority and Conflict.England 1603-1658*(1986).

E.J.Hobsbawm, *The Age of Revolution 1789-1848*(1962).

M.S.Kimmel, *Revolution. A Sociological Interpretation*(1990).

R.Koch, *Deutsche Geschichte 1815-1848. Restauration oder Vormärz?* (1990)

D.Langewiesche, *Europa zwischen Restauration und Revolution 1815-1849*(1993).

A.J.May, *The Age of Metternich 1814-1848*(1963).

J.Mittelstrass, *Neuzeit und Aufklärung*(1970).

T.Nipperdey, *Deutsche Geschichte 1800-1866*(1983).

R.Pipes, *Russia Under the Old Regime*(1974).

F.E.Schrader, *die Formierung der burgerlichen Gesellschaft 1550-1850* (1996).

H.Scott, *Enlightened Absolutism*(1990).

J.Sheehan, *German History 1770-1866*(1989).

W.Siemann, vom *Staatenbund zum Nationalstaat*(1995).

B.H.Sumner, *Peter the Great and the Emergence of Russia* (1962).

D.M.G.Sutherland, *France 1789-1815: Revolution and Counter- revolution*(1986).

C.Tilly, *die europäschen Revoutionen*(1993).

H.Wehler, *The German Empire 1871-1918*(1985).

G.Wright, *France in Modern Times, 1760 to the Present*(1960)

서양의 제 혁명

2006년 7월 20일 1판 1쇄 인쇄
2006년 7월 30일 1판 1쇄 발행

지은이● 김 장 수
펴낸이● 한 봉 숙
펴낸곳● 푸른사상사

등록 제2-2876호
서울시 중구 을지로3가 296-10 장양B/D 701호
대표전화 02) 2268-8706(7) 팩시밀리 02) 2268-8708
메일 prun21c@yahoo.co.kr / prun21c@hanmail.net
홈페이지 //www.prun21c.com
ⓒ 2006, 김장수

ISBN 89-5640-468-2
값 12,000원
*저자와의 합의에 의해 인지 생략함